GALW Y

Nel Bach Lôn Glai

Gwasg Carreg Gwalch

ⓗ Gwasg Carreg Gwalch

Argraffiad Cyntaf: Mai 1990

Ni chaniateir defnyddio unrhyw ran/rannau
o'r llyfr hwn mewn unrhyw ffurf
(ar wahân ar gyfer adolygu)
heb ganiatâd y wasg yn gyntaf.

Rhif Llyfr Safonol Rhyngwladol
0-86381-158-2

Argraffwyd a chyhoeddwyd gan Wasg Carreg Gwalch,
Capel Garmon, Llanrwst, Gwynedd.
(Betws-y-coed 261)

CYNNWYS

Hen dŷ Lôn Glai

LÔN GLAI

Mae tipyn o draddodiad yn perthyn i hen ffermdy Lôn Glai. Ardal ddigon pechadurus oedd Pont-rug ar ddechrau'r ganrif ddiwethaf gydag ymladd ceiliogod a phob math o chwaraeon ar y Sul yn digwydd yno. Ond yn 1814, dechreuwyd cynnal Ysgol Sul mewn ysguboriau yn y cylch. Fe'i cynhelid ym Melin Sinsin am ychydig ac oddi yno aed i le o'r enw Cefn Craswr. Yr oedd y sawl oedd yn trigo yno'n arfer crasu ŷd ym Melin Sinsin a thybir mai oherwydd ei alwedigaeth y galwyd ei gartref yn Cefn Craswr. Symudodd yr Ysgol Sul oddi yno i ysgubor Lôn Glai, ac yna i gegin Lôn Glai.

Y tenantiaid oedd Tomos a Mary Evans, ewythr a modryb fy nhad. Gofalai Tomos Evans am ddosbarth y bechgyn a deuai Huw Williams, Rhyd y Galan a Sion Evans, Rhosbodrual i'w gynorthwyo. Ym mhen amser, deuai William Jones, Caerhydau yno ynghyd â William

Fy nhad gyda'r ceffyl ieuanc

Owen, Prysgol a gynorthwyai gyda'r canu. Dysgodd Mary
Evans, Lôn Glai yr wyddor a'r Beibl i'r plant am dros un
mlynedd ar ugain. Dysgodd rai o ferched yr ardal i ddarllen
a hwythau mewn cryn oedran gan dderbyn cymorth gan
Margiad Williams, Cefn Craswr.

Un drws oedd i'r hen ffermdy, dwy ffenestr fechan a dwy
ystafell. Roedd palis ar y llaw chwith wrth fynd i mewn a
chist dderw ar y dde, lle cadwai mam ddillad yn llawn arogl
campffor-bôls. Roedd yno hen gloc mawr, dresel yn llawn o
lestri gleision, a chwpwrdd cornel oedd yn dal llestri te
gorau mam gyda blodau y fioled arnynt. Yno hefyd yr oedd
hen simdde fawr, cadair freichiau, setl a bwrdd crwn yn y
gornel gyda'r Beibl a llyfr emynau arno bob amser. Safai
bwrdd hir ar ganol y llawr a dwy fainc bob ochr iddo. Lle
digon cyfyng oedd y tu mewn oherwydd y tu ôl i'r gist roedd
y gwely waunsgod. Cwpwrdd llydan i mewn yn y wal oedd
y gwely hwnnw gyda matres wellt a gwely plu arno. Gan

Nel yn ddeng mis oed

nad oedd ond un ochr i fynd iddo, rhaid oedd i'r sawl a gysgai wrth y pared gamu dros y llall er mwyn cyrraedd yr erchwyn — peth gwael iawn ynte, os byddai brys yn y nos! Tynnwyd llenni arno yn ystod y dydd. Crogai lamp baraffîn o'r nenfwd ac at hynny defnyddid canwyllau i oleuo. Roedd drws isel i'r siambr lle roedd y gwely waunsgod arall. Yn y fan honno, roedd lle tân a dau bendant bach, cadair siglo mam a chwpwrdd bychan. Ychydig iawn o le oedd yno.

Safai'r tŷ bach ychydig o lathenni o'r tŷ gyda'r sêt wedi'i wneud fel bocs pren yn y wal gyda dau dwll crwn ynddi — un mawr ac un bach a chaead pren arnynt. Câi mam a finnau fynd ar unwaith. Byddai mam yn ei sgwrio nes ei fod yn wyn fel eira. Nid oedd sôn am bapur toilet yr adeg honno, dim ond darnau o bapur newydd.

Ond awn yn ôl i 1839, pan ddechreuwyd adeiladu capel bychan yng Nghae Cefn Craswr, ychydig lathenni o Lôn Glai, sef Capel Nazareth. Hyd heddiw mae'r capel hwn yn fwy adnabyddus fel Capel Lôn Glai. Elin Edwards, hen

Yn ddwyflwydd oed

fodryb arall i fy nhad, a ofalai amdano. Cadwai fochyn ac ychydig o ieir wrth dalcen y tŷ.

Fy nhad glywais i yn adrodd yr hanesyn hwn. Rhyw fore Sul, a'r gynulleidfa'n eistedd yn dawel, cerddodd y pregethwr yn hamddenol i lawr i'r sêt fawr. Eisteddodd am ychydig cyn esgyn i'r pulpud bychan a'i law ar ei wyneb gan offrymu gweddi fechan. Dyna oedd yr arferiad, er nad oes llawer i'w gweld yn gwneud hynny heddiw. Estynnodd am y llyfr emynau ac eisteddodd. Dyma glec dros y lle. Roedd rhyw hen iâr wedi gweld ei ffordd yn glir i'r capel, ac mae'n rhaid ei bod wedi dweud wrthi'i hun ei fod yn lle cyfforddus i ddodwy ŵy. Chwiliodd Elin Edwards am gadach i sychu'r llanast, a dywedodd yr hen bregethwr wrthi: "Peidiwch â phryderu, 'ngeneth i — drwy ddirgel ffyrdd mae'r Arglwydd Iôr yn dwyn ei waith i ben."

Wedi'r holl helynt, aed ymlaen gyda'r gwasanaeth, ond cyn dechrau ar ei bregeth, "Wel", meddai, "gan fod yr hen iâr wedi fy arwain i'r pulpud y bore 'ma, rwyf wedi penderfynu newid tipyn ar y testun. Gawn ni droi i Efengyl Mathew y drydedd bennod ar hugain, a brawddeg o adnod tri deg saith, "Pa sawl gwaith y mynaswn gasglu dy blant ynghyd megis y casgl iâr ei chywion o dan ei hadennydd, ac nis mynnech." "Wel, yn does 'na ryw beth yn addysgiadol yn yr adnod honno," meddai. Chwarae teg i'r hen iâr — dywedai 'nhad mai dyna'r bregeth orau a ddaeth o'r pulpud hwnnw erioed.

Yn 1881, tynnwyd yr hen gapel i lawr ac adeiladwyd un mwy. Clywais sôn fod ardal Pont-rug yn ddyledus iawn i hen deulu Lôn Glai ym mhob agwedd a chofiwch nad dweud hynny am fy mod o'r un gwaed yr wyf, ond gan ei theimlo'n fraint o fod yn un ohonynt.

Y peth sydd yn hynod am gapel Nazareth yw'r lliaws a fu mor wasanaethgar i'r achos, heb erioed fod yn aelodau eglwysig. Byddaf yn meddwl bod hyn yn dangos i ni heddiw sydd yn aelodau eglwysig yr ymdrech a wnaed gan ein tadau i uno'r gymdeithas gyfan er mwyn codi'r adeilad. Ble rydym ni wedi colli'r ffordd tybed?

*Pont-rug gyda'r Tŷ Stesion a phont y
rheilffordd yn y golwg*

Y BYSUS A'R TRÊNS

Ymddolenna afon Seiont drwy ddyffryn tlws ar ei thaith
o Lyn Peris i Fae Caernarfon. Adeiladwyd pont yr afon tua
1770 a'r bont rheilffordd ym Mehefin 1880. Ymhen amser,
dechreuodd y trên redeg o Gaernarfon i Lanberis a bu raid
adeiladu gorsaf fechan ym Mhont-rug. Adeilad o bren
ydoedd gyda swyddfa docynnau, ystafell aros, platfform a
tŷ i'r gorsaf-feistr.

Bu mynd garw ar yr hen drên ar y dechrau oherwydd nid
oedd sôn am geir bryd hynny, dim ond car a cheffyl neu
gerdded. Ond adeg y Rhyfel Byd Cyntaf, caewyd yr orsaf o
Ionawr 1af, 1917 hyd Orffennaf 1919. Efallai fy mod i tua
phedair oed wrth gofio mynd gyda 'nhad a mam i edrych
am Ewythr Ifan a'r teulu yn Llanberis yn yr hen injan.
Roedd yn pwffian mynd heibio Tyddyn Corn gan fod llecyn
go serth yno ac yna i fyny o dan Bont y Crawia i orsaf
Pontrhythallt. Ymlaen am orsaf Cwm-y-glo a thrwy'r

Pont dros afon Seiont a godwyd yn 1770

twnnel bach ger Craig-yr-undeb, — dyna'r unig dwnnel oedd ar y lein ar ôl dod allan o dwnnel mawr Caernarfon. Roedd golygfa ardderchog i'w gweld o'r trên — y Fachwen, chwarel Dinorwig a'r cychod hwyliau ar Lyn Padarn.

Ond yn 1923, dechreuodd Bysus Peris gynnig eu gwasanaeth ac ychydig iawn o deithwyr oedd yn dal i fynd gyda'r trên. Er hynny, roedd yr "Excursion" yn dal i redeg o Landudno i Llanberis. Yn 1938, chwalwyd yr hen orsaf fechan ym Mhont-rug, ond mae'r hen dŷ'r gorsaf-feistr yn dal i fod yno.

Rwy'n cofio Bws Bach y Wlad yn mynd o Fethel i Gaernarfon am y tro cyntaf. Rhyw fws fel cwt pren a dwy fainc yn wynebu'i gilydd oedd hi gyda grisiau yn y cefn i fynd i fyny. Bws Gwyndy oedd yr enw arni. Y perchennog oedd William David Humphreys, Tŷ Rhos, Bethel. Ym mhen amser, cawsant fws Bedford mwy modern oedd yn dal 14 o bobl.

Dyma lun yr hogiau o flaen y bws — Griff ac Emlyn, meibion David Humphreys, a'u ffrindiau — Llew, Elwyn a Huw, Wern. Roedd ganddo fodur Ford â *hood* arno at ei bwrpas ei hun. Dyma fo yn cychwyn gyda rhai o'r teulu: Griffith, Mary, Nansi a Margaret. Os sylwch yn fanwl, mi welwch mai ar yr ochr chwith y mae sedd y gyrrwr.

Yr hen felin lechi yn adfail heddiw

MELINAU PONT-RUG

Roedd pedair melin ym Mhont-rug. Perchnogion y felin lechi oedd Humphrey Humphreys a John Owen, Bron Seiont a ddaeth yno o Nant-y-Betws, neu Betws Garmon i rai. Roedd yr enwau "Humphreys and Owen" wedi'u hysgrifennu'n fawr y tu allan i'r felin ac roedd mynd garw ar lechi ysgrifennu a carreg nadd yn yr ysgolion yr adeg honno, Roeddent yn allforio i bob rhan o'r byd a bûm yno lawer gwaith yn eu gwylio wrth eu gwaith yn trin y llechen sgwâr a rhoddi ffrâm bren o'i hamgylch. Robert Humphreys, Bryn Rhug fyddai'n rhoi'r gorffeniad iddynt gyda'r hoelion bach, ac mae gen i rai o'r hoelion bach yn fy meddiant hyd heddiw. Yna byddai Now o Dan-y-coed, Llanrug yn eu cludo gyda rhyw lori Trojan fechan at y llongau oedd wrth y cei yng Nghaernarfon.

Roedd melin wlân yn y ffatri ac yno y trigai Robert Jones a'i briod a Jane ei chwaer. Hi fyddai'n mynd o amgylch â

John Humphrey, Felin-wen a Tomi Tan-y-Llan
wrth yr hen felin lechi

llond basged o sannau a gwlân i'w gwerthu. Roeddent hefyd yn gwerthu llawer i hen siop Huw Huws y drws nesaf i'r hen Bost Bach oedd yn nhop Stryd y Llyn yng Nghaernarfon. Yncl Huw ac Anti Nel oeddent i mi gan ei bod hi yn chwaer i 'nhad. Mae'r hen siopau bach wedi'u chwalu erbyn heddiw i wneud lle i'r ffordd newydd.

Byddai mam a fi yn galw yn y ffatri yn aml i gael edafedd i droedio sannau a gwlanen i wneud crysau i 'nhad. Byddai mam yn gwau dillad i minnau — rwy'n eu cofio'n eistedd ar y setl yno gan roi dau flocyn o bren crwn o dan ein traed er mwyn eu cadw o'r llawr ac allan o'r gwynt oedd yn dod o dan y drws pan fyddai'n dywydd oer. Byddem yn cael paned o de a theisen gri yno bob amser. Rwy'n cofio cael mynd i'r ardd i gasglu eirin bach gyda Robert Jones er mwyn i mam gael rai i wneud jam. Roedd ganddynt un ferch o'r enw Minnie. Does gen i ddim llawer o gof ohoni hi

— mi briododd rhyw weinidog o'r enw'r Parch G. R. Jones, Llandderfel, ond cofiwch mae blynyddoedd lawer wedi mynd heibio ac mae hen deulu'r ffatri i gyd wedi mynd erbyn hyn.

Y Felin Wen oedd enw'r felin flawd a'i pherchennog oedd John Humphreys. Byddai llawer yn dod â cheirch i falu, ac ambell waith nid oedd ganddynt ddigon o arian i dalu'r hen John. Byddai yntau'n cadw rhyw dri mochyn a'r hyn fyddai yn ei wneud oedd cadw hanner blawd i besgi'r moch ei hun. Serch hynny, gwaith gwneud llestri pridd yr ydw i yn ei gofio yno. Gwnaent botiau llaeth, padelli toes i dylino bara, powliau a phob math o bethau eraill.

Perchennog y ffatri foch yng Nghaedolyddyn ar y dechrau oedd gŵr o'r enw Lake, ond Isaac Parry a'i feibion yr ydw i yn eu cofio yno. Byddwn yn mynd yno gyda fy nhad i ddanfon y moch bach yn y drol gyda'r rhwyd drostynt. Finnau bron â chrio wrth eu gweld yn mynd. Crïo wrth weld mochyn, meddech chi — ond onid oeddwn wedi bod yn helpu mam i'w fwydo lawer tro?

Byddwn yn cael swigan lard gan Isaac Parry i wneud pêl fawr, a buan iawn y byddwn wedi anghofio am y moch bach druan. Roedd gan Isaac Parry siop gigydd yn stryd Cloc Mawr yng Nghaernarfon y drws nesaf i siop Gwenlyn Evans.

Roedd melin flawd arall ym Modrual — clywais bod honno yn dyddio'n ôl cyn 1560. Does gen i ddim cof o'r felin ei hun, dim ond y fferm yno. Mae'n rhyfeddod o ystyried bod pedair melin mewn ardal mor fechan â Phont-rug ac roedd y cwbwl yn dibynnu ar ddŵr afon Seiont.

EFAIL Y GOF

Safai efail y gof ar ben allt Tyddyn Corn. Tomos Ryles oedd y gof yno — cawr o ddyn a locsyn hir ganddo. Byddai'n codi ofn ar aml un. Yno y byddwn yn mynd gyda 'nhad hefo Prince yr hen geffyl i gael ei bedoli. Byddwn yn gwylio yr hen fegin fawr yn chwythu er mwyn i'r tân gynnau ac yn gwylio'r gof yn tynnu'r pedolau allan o'r tân gyda rhyw efail a'u curo ar yr engan nes byddai y gwreichion yn tasgu i bob cyfeiriad. Yna eu rhoi mewn dŵr a chodi troed yr hen Prince a gosod y bedol gyda'r morthwyl a'r hoelion. Yno y byddai'r gweision ffermydd yn casglu at ei gilydd i chwedleua ar ôl noswyl.

Y 'PAWN SHOP'

Dros y ffordd i siop Isaac Parry yn stryd Cloc Mawr, Caernarfon yr oedd siop Bob y Pawn gyda thair pelen uwch ben y drws. Roedd yn gwerthu popeth, ond 'Pawn Siop' yr oedd yn cael ei galw. Pe bai rhywun yn mynd yn brin o arian a hithau'n angen mawr arnynt, byddent yn dod â rhywbeth gwerthfawr fel cloc, watch ac yn y blaen, a byddai Bob yn ei gymryd gan roi arian yn ei le. Ond nid oedd y swm ddim byd tebyg i'w gwerth a byddai'n rhoi cerdyn iddynt oherwydd os buasent yn medru cael arian ym mhen rhyw fis i dalu yn ôl i Bob, buasent hwythau yn cael eu heiddo yn ôl. Anaml iawn y byddai hynny'n digwydd, ac wrth gwrs byddai gan Bob hawl i'w gwerthu. Mae un hanes diddorol iawn am ryw gymeriad nad wyf yn sicr yntau o'r wlad neu dref yr oedd yn dod. Roedd wedi pônio y cwbwl o'i eiddo bron. "Wel, Jane bach," meddai wrth ei wraig un diwrnod, "mae wedi mynd i'r pen arnom. Dy fodrwy briodas fydd y nesaf, ac os na ddaw yna ryw fana o'r nefoedd, ble bynnag mae'r fan honno, mi fydd raid i ni ddechrau pônio yr hen blant, ac wedyn chditha, Jane bach."

Oedd roedd llawer o gymeriadau fel yna i'w cael ers lawer dydd.

TYMHORAU'R TYDDYN

Fferm rhyw ddeg erw ar hugain oedd Lôn Glai a melys iawn yw'r atgof am y tymhorau. Yn y gwanwyn cynnar, byddem yn hel cerrig, teilio ac aredig. Byddai 'nhad a Huw Williams, Rhyd-y-galan yn cydweithio â'i gilydd — un ceffyl gan fy nhad, sef Prince, ac un ceffyl gan Huw Williams, sef Ned.

Ar ôl gorffen aredig, rwy'n cofio fy nhad yn cerdded yn ôl a blaen ar hyd y cae gyda rhyw fath o gynfas dros ei ysgwydd gan ddefnyddio ei ddwy law i hau.

Ym mis Mehefin y byddid yn dechrau torri'r wanaf gyntaf o wair gyda phladur, er mwyn gwneud lle i'r peiriant torri gwair fynd i'r cae. Byddai 'nhad yn eistedd ar y peiriant gyda sach oddi tano yn tywsu'r ceffylau, a Huw Williams yn hogi y cyllith gwair gyda'r galan hogi. Efallai y byddai'r gwair wedi gorwedd neu rywbeth wedi mynd i'r gyllell, ac roedd yn bwysig iawn cael cyllith eraill yn barod.

Byddai mam ac Anti Jane Tŷ capel yn casglu'r gwanaf o ochr y clawdd gyda chribiniau pren. Bryd hynny, roedd y tywydd mor boeth, fel bod y gwair yn aml yn barod i'w drin gyda'r chwalwr gwair — y seidrêc — y diwrnod dilynol. Yna byddid yn ei gasglu a gwneud mydylau gyda'r picwych yma ac acw ar hyd y cae. Dyna pryd y deuai fy nhad gyda'r drol â ffrâm bren arni yn barod i ddechrau gwneud llwyth. Rhaid oedd cael un go fedrus i wneud llwyth gwair rhag ofn iddo fynd ar ei ochr a throi William Richard, Rhyd-y-galan fyddai'n cael y fraint o wneud y llwyth a deuai Harri a Rhenallt Tŷ Capel i helpu i godi y gwair gyda phicwyrch. Yna eid â'r llwyth i'r gadlas a 'nhad fyddai ar ben y das bob amser.

Wedi dadlwytho, yn ôl i'r cae a byddai mam ac Anti Jane wedi dod â phryd o fwyd i'r cae. Dyna lle y byddem yn eistedd yng nghanol y gwair i'w fwyta. Rhai eisiau te, eraill eisiau llaeth enwyn. Roedd hi'n amser braf gyda'r gog yn canu a'r wenoliaid yn hedfan o amgylch ac arogl y gwair yn llenwi eich ffroenau.

Yn ddiweddarach yn y flwyddyn, byddai'n gynhaeaf ŷd tua mis Hydref. Pa olygfa harddach na llond cae o ysgubau ŷd ar noson leuad a rheiny fel petaent yn sgwrsio gyda'i gilydd? Oes y tractor a'r bêls ydi hi heddiw, ynte?

Pan ddôi'n amser dyrnu, byddai'r hen ddyrnwr mawr yn cyrraedd y noson cynt a rhaid oedd gofalu am ddigon o lo a dŵr ar gyfer yr hen injan ddyrnu. Byddai'r cymdogion i gyd yn dod i helpu ar chwibaniad yr hen injan.

Dyna i chi ddiwrnod prysur i mam oedd eisiau darparu cinio i'r criw. Byddai cig eidion a thatws yn rhostio yn y popty a phob math o lysiau yn cael eu coginio. Hefyd, pwdin clwt — byddai hi'n ei gymysgu fel pwdin Dolig, a'i lapio mewn clwt yn lle powlen gan ei gau â llinyn. Efallai y byddai wedi gwneud rhyw hanner dwsin a'u berwi yn y crochan mawr — bobol, mi fyddai yn dda, a menyn toddi ar ei ben (sôs gwyn y caiff hwnnw ei alw erbyn heddiw).

Rwyf yn gweld y dynion o flaen fy llygaid y funud hon yn gwledda wrth y bwrdd pren hir oedd ar ganol y gegin a phob un yn tywallt ei de o'r cwpan i'r soser i'w yfed. Byddai mwstash rhai ohonynt yn diferu o'r te! Ychydig iawn welwch chi yn yfed o'r soser heddiw.

Pan ddeuai'r tymhorau i ben, byddai mam ac Anti Roberts wedi gwneud rhyw swper sbeshal i ni yn hen gegin Lôn Glai i ddiolch am y cynhaeaf a dyna lle byddem yn cadw rhyw noson lawen. Hugh Williams, Rhyd-y-galan yn adrodd ambell i stori go ddigri ac Ifan Jones y Stesion, un o hen deulu y Sarn, yn adrodd Modryb Siân neu Mr Moody. Yna Harri Roberts, Tŷ Capel sydd, wrth gwrs, yn fwy adnabyddus fel Harri Cae Main, a Harri a Rhenallt yr hogiau yn rhoi ambell gân i ni. Finnau wedyn yn cael adrodd a diweddu drwy i bawb ohonom ymuno yn y canu nes byddai wedi mynd yn noson lawen go iawn.

Ambell i dro, byddai 'nhad a mam yn gorfod aros ar eu traed yn nos gyda rhyw fuwch yn disgwyl llo. Dyna lle bydden nhw yn ngolau'r lanter yn y beudy. Ond doedd y beudy ddim yn lle oer wrth gwrs gan fod gwres y gwartheg yn cynhesu'r adeilad i gyd.

Yn y bore byddai mam yn dod i fy neffro: "Beth feddyli di? Mae Seren wedi cael llo bach neithiwr. Mi awn ni i'w weld o yn y munud ac mi gawn i bwdin llo bach yfory."

Byddai mam yn gwneud pwdin llo bach gyda'r trydydd godriad drwy roi'r llefrith mewn dysgl gyda siwgr a'i gymysgu'n dda, rhoi sunsur ar ei ben a'i grasu yn y popty nes y byddai yn dew fel cwstard. Ys gwn i a oes yna rywun yn ei wneud heddiw?

TREFN Y DYDDIAU

Byddaf yn meddwl llawer am mam yn gweithio mor galed a phob diwrnod wedi cael ei drefnu at waith. Ar ddydd Sul, wrth gwrs, doedd dim gwaith yn cael ei wneud, ond rhaid oedd gofalu am yr anifeiliaid a mynd i'r capel dair gwaith, gan wneud yn siwr bod gen i adnod neu bennill newydd a gofalu newid ein dillad Sul ar ôl pob oedfa.

Dydd Llun oedd y diwrnod golchi. Byddai mam yn llenwi'r hen foelar mawr â dŵr ac yn cynnau tân pricia o dano er mwyn cael digon o ddŵr poeth i ferwi'r dillad gwyn. Byddai'n eu rhoi mewn lliw glas ac yn starchio rhai, yna eu rhoi drwy'r mangl mawr, ac os byddai'r tywydd yn sych, byddai'n troi wedyn at y gwaith o smwddio, gan roi hetars yn y tân nes byddent yn goch. Yna eu codi gyda gefail bach a'u rhoi mewn bocs haearn.

Dydd Mawrth oedd y diwrnod corddi a byddai 'nhad a hithau'n troi yr hen gorddwr pren yn ôl a blaen. Pan fyddai'r menyn yn barod, byddai yn dangos ar ryw wydr bach oedd ar y caead. Yna, codid y menyn i'r noe bren gyda soser bren, a'i olchi yn lân gyda dŵr o'r ffynnon er mwyn cael bob diferyn o'r llaeth ohono. Wedi ei drin a'i halltu'n iawn, câi ei bwyso a'i roi mewn bocs pren â phrint arno. Llun rhosyn fyddai ar fenyn Lôn Glai. Yn aml iawn, byddai mam a minnau yn cerdded yn ein clocsiau gyda llond basged wellt â chaead arni i'r Coparét yn Llanrug a chael nwyddau yn gyfnewid am y menyn.

Diwrnod pobi oedd dydd Mercher a byddai mam yn cael ei burum mewn siop fechan yng ngwaelod Stryd y Llyn. Rhyw siop fechan gyda grisiau'n mynd i lawr iddi oedd honno ond nid wyf yn cofio enw yr hen wraig oedd yn ei chadw. Siop Burum Sych fyddai enw mam arni. Tra byddai mam uwchben y badell does yn tylino, ac yn disgwyl i'r toes godi, byddai 'nhad wedi gwneud digon o dân coed o dan yr hen popty mawr. Bara gwaelod y byddai hi yn ei wneud a gwnâi dorth bach gan roi menyn ffres i lifo arni i mi. Yr un pryd, gwnâi fara brith, bara ceirch a phob math o deisen blât pan fyddai'n dymor ffrwythau. Byddwn wrth fy modd yn mynd i hel mwyar duon hyd y caeau. Byddai llond yr hen bantri bach o bob math o jam cartref, nionod picl, cabej coch a llawer o amrywiaeth.

Diwrnod gwnio oedd dydd Iau a gwneud trefn ar y dillad y byddai mam gan wau a throedio sannau i 'nhad.

Dydd Gwener, byddai'n rhaid corddi eto gan lenwi'r hen botiau pridd â llaeth enwyn. Byddwn wrth fy modd yn cael tatws a bara llaeth. Cofiwch bod mam yn gorfod gwneud gorchwylion eraill y tŷ yr un pryd â hyn i gyd, sef glanhau a blacledio'r grât nes y gwelech eich llun ynddi yn ogystal â helpu 'nhad gyda gwaith y fferm.

Diwrnod mynd i'r dre oedd dydd Sadwrn. Roedd dydd Sadwrn yn ddiwrnod marchnad, a chofiaf fel y byddai'r gwartheg, y moch a'r ieir ar y Maes. Deuai llawer i lawr o'r wlad hefo'i nwyddau ac eraill hefo Stemar Fach Sir Fôn. Byddai'r strydoedd yn llawn a châi mam sgwrs gyda hwn a'r llall gydag ambell un yn mynd i'w boced a rhoi ceiniog neu ddwy i mi. Byddwn innau wrth fy modd — roedd ceiniog fel ffortiwn yr adeg honno. Byddai band y Salvation Army o amgylch yr hen ffownten ac ymunai pawb i ganu gyda hwy. Weithiau byddai 'nhad a mam yn cerdded gartref ar hyd ffordd Bethel, heibio Mountain Street lle byddai ambell un wedi cael gormod i yfed a'r gwragedd yn codi twrw gan luchio rhyw lestr neu peth agos y caent afael ynddo at eu gwŷr. Ond, cofiwch chi, hen drigolion nobl iawn oedd y Cofis. Rwy'n cofio fel y byddai rhai ohonynt yn dod ar y Sul gyda milgwn a 'nhad yn gadael iddynt fynd i hela i'r caeau gan adael llond piser mawr o laeth enwyn ar ben lechan las o flaen y tŷ i'w disgwyl yn ôl bob amser. Ni fyddent byth yn gadael heb roi ceiniogau i mi. Bechod na fuaswn wedi dal i'w casglu — buasent yn help garw i mi hefo'r pensiwn heddiw. Rwy'n cofio mynd i'r dre i'r Ffair Pentymor hefyd, pan fyddai'r ffermwyr yn dod i gyflogi gweision a morwynion. Byddai ambell hen ffermwr yn ceisio taro bargen er mwyn cael gwas heb orfod talu llawer o gyflog iddo. Roedd rhai yn lwcus i gael lle da ond nid oedd eraill mor lwcus.

Teulu Rhyd-y-galan

RHAI O HEN FFERMYDD YR ARDAL

Yn Rhyd-y-gerlan, neu Rhyd-y-galan fel y'i gelwir hi, y trigai yr hen Huw Williams. Dyn bychan o gorff gyda locsyn oedd o. Mi fyddwn i yn dotio ato pan oeddwn yn hogan bach — roedd rhywbeth yn debyg i Santa Clôs ynddo fo. Gwisgai Mrs Williams rhyw gap ffrils gwyn bob amser. Roedd ganddynt dair merch, Jenny, Annie ac Awen ac un mab, William Richard. Roedd Jenny ac Annie yn debyg iawn i'w tad, yn fychan o gorff, tra bod Awen a William Richard, yn fwy tebyg i'w mam. Un o deulu Llwyn Bedw, Betws Garmon oedd Mrs Williams, — mae'n beth rhyfedd, ond daeth llawer o Betws Garmon i Bont-rug i fyw. Roedd Hugh Williams yn ŵr hynod ei ddywediadau, ac yn ddarllenwr mawr.

Byddwn innau, fel Prince yr hen geffyl, yn edrych ymlaen am gael mynd i Rhyd-y-galan adeg y cynhaeaf. Byddwn i yn mynd yn y drol hefo 'nhad a deuai mam yno

Huw Williams a'r teulu o flaen Rhyd-y-galan

Huw Williams yn darllen

yn hwyr y prynhawn. Dyna lle byddem i gyd o amgylch y bwrdd yn yr hen gegin glyd, a Huw Williams yn mynd drwy'i bethau. Yn y gaeaf, byddai'r hen fachgen yn dod draw i Lôn Glai ambell gyda'r nos gan eistedd ar yr hen setl a'i draed bron yn cyrraedd y llawr. Deuai â llond bag siwgr glas o afalau bach melys i mi a byddai'n adrodd llawer o straeon. Yn anffodus, byddwn wedi syrthio i gysgu cyn clywed y diwedd. Bellach, nid oes ond Annie ar ôl — mae'n byw yng Nghaernarfon, ac yn edrych mor ieuanc er ei bod dros ei deg a phedwar ugain oed.

* * * *

Ym Mhengelli Isaf y trigai Richard Evans a'i briod. Bu Richard Evans yn flaenor ac yn help garw i'r achos yn Nazareth ond does gen i ddim llawer o gof amdano, dim ond am ei briod, Mrs Evans a'r mab, Ifan Evans. Cadwent was a morwyn bob amser. Rwy'n cofio fel y byddent yn dod i'r capel yn selog. Ym mhen amser, dechreuodd Ifan ganlyn Edith, un o ferched Glan-yr-afon. Buont yn canlyn ei gilydd am beth amser a gwawriodd dydd y briodas o'r diwedd. Ganwyd mab bychan iddynt a bedyddiwyd ef yn Richard ar ôl ei daid, ond fel Dic y Parcia y mae fwyaf adnabyddus oherwydd pan oedd Dic yn fychan, symudodd y teulu i fyw i'r Parcia, Griffith Crossing i fyw. Mae Dic yr un ddelw â'i dad ac yn nhreigl y blynyddoedd, priododd yntau — gyda Miriam o Gaeathro — ac maent hwythau yn daid a nain ei hunan erbyn heddiw. Mae'r teulu i gyd yn brysur iawn ym mhob agweddau o fywyd.

* * * *

Prif waith Harri Parri, Glan-yr-afon oedd porthmona a byddai'n crwydro llawer drwy Gymru a Lloegr. Roedd Glan-yr-afon yn fferm go helaeth a chadwai tua phedwar o weision a morwyn. Roedd ganddynt bedwar o deulu, sef Edith, Gwladys, Bob a Cledwyn ond roeddent wedi tyfu i fynd pan oeddwn i yn blentyn ifanc. Rwy'n cofio fel y byddwn yn eneth bach yn cerdded gartref o Ysgol Caeathro a byddai Don y ci yn dod i fy nghyfarfod bob dydd, a phwy ddeuai heibio ond Harri Parri gyda'r ferlen froc a'r trap uchel, yn gwisgo het bowlar ddu, neu het wellt. Stopiai gan weiddi: "Neidiwch i fyny, y chdi a Don. Rwyt ti yn dod i Glan-yr-afon i nôl te heddiw."

Cyrraedd Lôn Glai a rhoi Don i lawr, ac yna byddai'n gweiddi dros y lle, "Nel bach yn dod acw i nôl te heddiw" ac i ffwrdd â ni heb ddisgwyl i mam ddod allan. Roedd o'n rhyw greadur mor brysur!

Roedd Glan-yr-afon fel plasdy mawr i mi gydag eiddew coch yn tyfu ar y muriau. Edrychai Mrs Parri fel brenhines mewn dillad du llaes, a les gwyn o amgylch y gwddw bob amser. Yn drist iawn, ni welais i erioed mo Cledwyn y mab ieuengaf — bu damwain ar y fferm a chafodd ei ladd. Ond rwy'n cofio Bob yn bur dda — byddai yn profocio digon arnaf.

Ar ôl y te ardderchog, byddai Edith a Gwladys yn mynd â fi drwy'r ardd ac at afon Seiont i weld y ceffylau yn golchi eu traed yn y dŵr.

Roedd Harri yn dipyn o gymeriad ond y gŵr mwyaf caredig yr hoffech ei gael. Cyn i mi adael un tro, dyma fo'n rhoi cath fach ddu i mi mewn basged fach a chaead arni. Y fo, wrth gwrs, oedd yn fy nanfon gartref — ar y ffordd i weld rhyw wartheg neu geffylau yn rhywle. Dim ond fy rhoi i lawr, a dweud wrthyf am gofio edrych ar ôl y gath fach. Daeth mam a 'nhad i'r drws, ond roedd yr hen Harri wedi diflannu. Gofynnodd mam beth sydd gennyf yn y fasged a phan glywodd mai cath fach gan Yncl Harri oedd yno, roedd rhaid mynd â hi i'r tŷ inni gael ei gweld.

Sôn am le pan agorwyd y caead — neidiodd y gath fach gan geisio dringo i bob man a thaflu'r llestri nes eu bod yn deilchion. Llwyddodd 'nhad i'w dal hi yn y diwedd. Oedd, roedd Harri'n ei dallt hi'n iawn — cath wyllt oedd hi, wedi arfer bod allan, ond mi gawsom hwyl ar ei dofi, a daeth Blaci bach yn gath annwyl iawn. Bûm yn Glan-yr-afon lawer gwaith ar ôl hynny a chael rhywbeth i ddod gartref efo mi bob amser, ond byth cath wyllt ar ôl hynny.

Rwy'n cofio siop J. R. Prichard yn Stryd y Llyn, Caernarfon lle mae Woolworths ar hyn o bryd — yn gwerthu pob math o fwydydd. Aeth Harri i mewn i'r siop ac at y cownter cig un tro a gafael mewn cyllell gan dorri tafell dew o ham wedi'i ferwi a'i bwyta. Yna gwaeddodd dros y lle: "Cofiwch bawb brynu peth o'r ham yma cyn mynd adref — mae o'n flasus dros ben." Ac i ffwrdd â fo allan heb dalu. Ond roedd perchennog y siop ac yntau'n dallt ei gilydd yn iawn. Dro arall, mi'i gwelech o yn mynd am y dre ar nos

Teulu Glan-yr-afon

Bob Parry ac Edith Glan-yr-afon ar gychwyn

Sadwrn cyn i'r siopau cig gau er mwyn cael bargen am ddigon o bopeth i wneud iddynt am yr wythnos. Un tro, roedd yn ceisio mynd ar un o'r cynghorau, ac mi fyddai'n mynd o amgylch yr ardal oedd gyda'r ferlen a'r trap. Ben y gwas fyddai'n edrych ar ôl y ferlen tra byddai Harri yn mynd o dŷ i dŷ i hel fôts. Pan ddechreuai nosi, byddai Harri yn gweiddi ar Ben am fynd fel cath i gythral cyn i bawb fynd i glwydo gan beri iddo yntau golli eu pleidlais. Wn i ddim os llwyddodd yr hen Harri fynd ar y cyngor ai peidio.

Byddai'r gweision a'r forwyn yn cael ei prydau bwyd yn y gegin allan yng Nglan-yr-afon. Roedd ganddynt fwrdd mawr hir ar ganol y llawr a meinciau i eistedd, a byddai'r teulu yn gofalu eu bod yn cael digon i'w fwyta. Un tro, roedd Griffith Tŷ Rhos, Bethel — rhyw lefnyn ar y pryd — wedi cael gwaith yn Glan-yr-afon i dynnu'r tŷ gwydr i lawr. Amser cinio dyma fo i mewn gyda'r gweision, bron â llwgu. Gwelodd bastai fawr ar ganol y bwrdd, a thatws a phob math o lysiau, a dyna lle yr oedd o yn mwynhau'r bastai. "Cymer fwy," meddai un o'r gweision. "O, diolch," meddai Griffith. Yna, dyma un gwas yn gweiddi, "Hei, Griffith, wyddost ti pastai beth oedd hi?" "Na wn i," atebodd yntau," ond roedd yn flasus iawn." "Wel, gwranda rŵan, pastai cwningod bach oedd hi — ac ambell i lygoden fach wedi'i chymysgu hefo nhw." Bu raid i Griffith godi a mynd allan am ei fod yn swp sâl. Aeth y gwas allan ar ei ôl gan ddweud, "Na, tynnu dy goes di oeddwn i siwr — fuasai Mistar a Musus byth yn rhoi bwyd gwael i neb."

Byddai llawer o westeion yn galw yng Nglan-yr-afon yn eu tro. Yn y darlun, sy'n dyddio'n ôl i 1911, gwelir Harri Parri a'i het wellt yn sefyll, a Mrs Parri yn eistedd yn ei ymyl. Gwladys sydd yn y gongl dde ac Edith ar y chwith. Mae Bob Parry hefo'i het wellt yn eistedd yn y blaen, a Chledwyn sy'n tywallt y te gyda'r tebot arian.

Yn yr ail lun, mae Bob Parry ac Edith yn cychwyn ar eu beics. Yr oedd Bob yn tynnu ar ôl ei dad fel porthmon, ond aeth ef ymlaen i bethau uwch. Sefydlodd ei hun fel arwerthwr cyffredinol, ac mae enw Bob Parry a'i Gwmni yn dal yn amlwg yn y maes hwnnw hyd heddiw.

Roedd Harri Owen, Tyddyn Corn Pont-rug gynt yn gyfaill pennaf i Harri Parri. Cadwai siop gigydd yn Stryd Bont y Pridd yn y dre a bûm yno lawer gwaith gyda 'nhad a mam. Roedd sôn am sosej a phwdin gwaed Harri Tyddyn Corn. Roedd Harri Owen a'r teulu yn byw ym Mhlas Pen-y-bont, Bontnewydd, ac mi fyddai Harri Parri yn galw yno yn aml. Fel arfer, âi'r ddau allan i'r ardd lle roedd perllan o afalau, ac mi fedraf ddychmygu gweld Harri yn ymestyn am yr afal gorau yno. Bu tro trist unwaith — wrth ymgyrraedd yn rhy bell, fe syrthiodd yr hen gyfaill annwyl a bu farw. Cludwyd ei gorff gartref i Glan-yr-afon ac roedd yn amser prudd iawn i'r teulu a llawer un arall yn yr ardal oherwydd roedd Harri Parri yn ŵr poblogaidd iawn.

Priododd Gwladys gydag Edwin Griffith, un o feibion Cilgwythwch gan ddal i ffermio yng Nglan-yr-afon gyda Mrs Parri hyd ei marwolaeth hithau. Wedi hynny, gwerthwyd Glan-yr-afon i Major a Mrs Carter ac Elizabeth eu merch. Aeth Gwladys ac Edwin i fyw i Fron Seiont. Roedd Gwladys, fel ei mam, yn groesawus a charedig iawn, ac yn ei chartref y dechreuodd Sefydliad y Merched Pont-rug. Fel y cynyddodd yr aelodau, symudwyd i Festri Capel Nazareth a bu yno am flynyddoedd. Pan gaewyd y capel, bu raid iddynt symud i Gaernarfon, ond rwyf yn hynod falch eu bod wedi dal i gadw at yr hen enw, sef Sefydliad y Merched Pont-rug.

* * * *

Fferm heb fod ymhell o Glan-yr-afon oedd Erw-pwll-glo. Yno yr aeth mam o'i chartref ym Mraich Dinorwig yn howscipar i ryw hen lanc o'r enw Morris Owen oedd yn dwrnai yng Nghaernarfon. Dyna, wrth gwrs, sut y daeth i gyfarfod â 'nhad. Owen Evans, Lôn Glai. Un garw am ei botel oedd yr hen Morris Owen. Pan fu farw yr hen dwrnai, daeth gwraig o'r enw Mrs Owen i fyw yno. Cafodd honno andros o waith yn clirio sacheidiau o boteli wisgi o'r tŷ.

Roedd Maggie o Tan-y-coed wedi dod yn forwyn fach at Mrs Owen, ac yr oedd ar yr un pryd yn mynd i Ysgol Caeathro. Codai tua saith i fynd i odro gyda'r hen wraig. Ambell waith, byddai Maggie wedi aros gartref, a deuai'r plisman plant i chwilio amdani. Bryd hynny, byddai'n rhaid i Mrs Owen wynebu'r gost. Ym mhen amser, symudodd Mrs Owen i fyw i Gaeathro a phrynwyd yr Erw gan Robert Edwards o Dreborth oedd wedi cael rhyw awydd i symud yn ôl i'w hen ardal. Mae gennyf gof plentyn ohonynt yn ymadael gan gerdded hefo'r anifeiliaid a chario'r dodrefn gyda'r drol a'r ceffyl.

Plas Bodlondeb ar lan Afon Menai

PLAS BODLONDEB

Efallai bod rhai ohonoch wedi clywed sôn am y Brodyr Davies o Borth — teulu oedd yn arfer hwylio llongau gan gario nwyddau i bob rhan o'r byd. Daethant yn gyfoethog iawn ac roedd sôn drwy'r wlad am eu cyfoeth. Bu Robert Davies, un o'r brodyr, yn byw ym Mhlas Bodlondeb ar lan y Fenai, ond nid anghofiodd Robert Davies, na'i frodyr ychwaith, y graig y naddwyd hwy ohoni. Daliodd trigolion y Borth i sôn am flynyddoedd mor hoff oedd o blant ac am ei lafur diorffwys gyda'r Ysgol Sul. Gan ei fod wedi casglu cymaint o gyfoeth, roedd yn teimlo'n euog ynglŷn â hynny a nodwedd amlwg ei grefydd oedd ofni digio Duw.

Penderfynodd, yn ystod blynyddoedd olaf ei fywyd, gyfrannu ei holl eiddo at achosion da. Rhoddodd gannoedd ar gannoedd o bunnoedd yn ddienw. Roedd gŵr o'r enw Robert Bevan Ellis, un o frodorion Gwaen Cyfni, yn cadw busnes yng Nghlwt y Bont ond ymhen amser, symudodd i Bronant, Bontnewydd a meddyliodd mai peth da fuasai codi Cartref i blant amddifad yn y pentref. Gyda chymorth llawer o rai eraill, adeiladwyd y Cartref, ond gyda threigl y blynyddoedd ac fel y chwyddai rhif y plant a ddeuai yno bob blwyddyn, yn naturiol roedd cynnal y Cartref yn broblem fawr.

Roedd Robert Davies, Bodlondeb wedi clywed am y gwaith ardderchog a wnâi Robert B. Ellis. yn y Cartref, a sgrifennodd lythyr ato yn dweud y buasai'n hoffi ei gyfarfod. Nid oedd gan Robert B. Ellis ddim syniad pwy oedd y gŵr, ond aeth i Fodlondeb.

"Wel," meddai Robert Davies wrtho, "rwyf wedi clywed eich bod yn gofalu yn ardderchog am y Cartref ar hyn o bryd a bod y plant wrth eu boddau yn eich cwmni, ond cofiwch na fyddwch chi na minnau ddim byw byth. Bydd Tad yr amddifad yma am byth serch hynny ac i godi rhai eraill i ofalu am y Cartref, dyma yw fy neges i chi yma heddiw. Rwyf yn rhoi deng mil o bunnau i gadw'r Cartref rhag gorfod cau." Mae'r cartref yn dal i fynd a bu'n aelwyd ardderchog i gannoedd o blant amddifad. Mae gen i lawer o gyfeillion a gafodd eu dwyn i fyny yno ac maent wedi troi allan i'r byd yn y modd y buasai Robert B. Ellis a Robert Davies yn dymuno. Diolch am gymeriadau tebyg iddynt.

Ond ni fyddai hanes y Cartref yn gyflawn heb sôn am ŵr rhagorol arall, sef Henri Owen, oedd yn byw ym Mhlasdy Pen-y-bont, Bontnewydd. Rhoddodd yntau ddarn o dir, oedd yn ymyl y Cartref i'w ddefnyddio i adeiladu rhan arall ato.

* * * *

Pwtyn bychan pryd tywyll gyda locsyn bychan oedd Robert Edwards, Treborth. Cafodd y blas-enw "Welsh Jew", ond nid oes gen i yr un syniad pam. Roedd Janet Edwards, ei briod, yn wraig dal, smart ac roedd ganddynt ddwy ferch Catharine a Neli.

Adeg y Rhyfel Gyntaf roedd Catharine yn nyrsio gyda'r Groes Goch ym Mhlas Bodlondeb. Mae llun ohoni hi ac eraill i'w gweld ar ben y to yno pan oedd Dame Margaret Lloyd George yn agor y Fête yno yn 1917.

Y nyrsus ym Modlondeb 1914-1918

Dame Margaret Ll. George yn agor
Fête Bodlondeb yn 1917

Roeddynt yn deulu crefyddol iawn a chodwyd Robert Edwards yn flaenor yn Nazareth. Byddent yn cadw dyletswydd bob amser brecwast. Darllenai Robert Edwards ran o'r ysgrythur a mynd i weddi. Cadwent was a morwyn a chofiaf Bob Evans o Benisarwen yno, yna Bob Rolant o'r Fachwen, William o Abererch gyda Gwladys o Landdeiniolen yn forwyn yno.

Ym mhen amser, dechreuodd Catharine ganlyn Tomos Owen, mab Pennarth Clynnog. Ef a'i frawd Hugh oedd yn cyd-redeg y fferm. Ymosododd tarw ar Tomos Owen un tro ond achubodd Hugh fywyd ei frawd. Roedd yn lwcus iawn ei fod yn digwydd bod wrth law. Priodwyd Catharine a Tom yng nghapel Nazareth.

Tra bu Robert Edwards fyw, dim ond dros y Sul y byddai Tomos Owen yn dod i'r Erw, ond bu farw Robert Edwards yn dra sydyn, ac wedi hynny, ymgartrefodd Tomos Owen yn yr Erw, a bu'n ffyddlon iawn i'r achos yn Nazareth. Er hynny, daliodd i fod yn aelod yng Nghlynnog, ac mae teulu Hugh Owen yn dal i fod yn selog iawn yno, ac yn weithgar iawn ym mhob achos da yn yr ardal.

Byddai Mrs Edwards yn treulio llawer o'i hamser yn yr ardd a chofiaf ei gweld yn mynd o amgylch yn casglu blodau a ffrwythau mewn basged. Roedd coed uchel yn tyfu o amgylch yr Erw lle byddai brain yn nythu ac roedd gan yr hen wraig feddwl y byd o'r brain. Rwy'n cofio fel y byddem yn clywed sŵn y brain o Lôn Glai — sŵn tebyg iawn i deulu yn clebran ymysg ei gilydd. Un tro, roedd hi a minnau wedi bod yn casglu blodau i mi fynd adref hefo mi — nid euthum yn waglaw o'r Erw erioed, fwy nag y gwneuthum o Lan-yr-afon. "Tyrd," meddai wrthyf, "mi eisteddwn ni yn y fan hyn am ychydig i wrando ar y brain. Wyt ti yn hoffi'r brain, Nel?" "Ydw," meddwn, "ond maen nhw'n gwneud lot o sŵn."

"Wel," meddai hithau, "rwyf am ddweud adnod wrthyt ti rŵan a phan ddoi di yma'r tro nesaf, mi fydda i'n disgwyl i ti ei hadrodd wrthyf innau. Cofia ddweud wrth dy fam ar ôl mynd adref. Dyma hi'r adnod: 'Ystyriwch y brain, canys

Catharine a Nell, merched yr Erw

Priodas Tom a Catharine yn 1929

nid ydynt yn hau, nac yn medi. I'r rhain nid oes cell nac ysgubor, ac mae Duw yn eu porthi hwynt. O ba faint mwy ydych chwi yn well na'r adar. . .'

Safodd wrth y clawdd nes oeddwn wedi croesi'r cae am adref. Dywedais wrth mam fod Mrs Edwards eisiau imi ddysgu ryw adnod yn sôn am ryw frain, ac roedd mam yn gwybod amdani'n iawn. Dysgais yr adnod cyn mynd yno wedyn ac roeddwn wedi'i phlesio hi yn arw.

Roedd haelioni Robert Bevan Ellis a Robert Davies wrth sefydlu Cartref Bontnewydd wedi cael effaith mawr ar hen deulu yr Erw. Bob Nadolig tra buont byw, roeddent yn gofalu bod y Cartref yn derbyn gŵydd a llawer mwy o'r Erw.

TEULUOEDD ERAILL

Rhaid i mi sôn am deulu annwyl Tŷ Capel Nazareth wrth fynd heibio. Mi oedd Harri Roberts, Tŷ Capel yn gerddor gwych ac ar un adeg roedd dau gôr yn Chwarel Dinorwig: Côr Elidir ym mhen uchaf y chwarel dan arweiniad Tomos Padarn Roberts, a oedd yn fwy adnabyddus fel Twm Bach America, ac yng ngwaelod y chwarel, Côr Snowdonia dan arweiniad Harri Bach, wrth gwrs. Byddent yn crwydro ar hyd a lled Cymru a byddai'r ddau gôr yn cystadlu yn erbyn ei gilydd gan ennill a cholli bob yn ail.

Un tro, enillodd Côr Snowdonia y gadair a'r goron yn Eisteddfod Llanrug. Yr adeg honno, yr arweinydd oedd yn cael cadw'r gadair a'r goron a chefais y fraint pan yn blentyn o eistedd yn y gadair a gwisgo'r goron ar fy mhen. Pan yn byw ym Methesda, bu Mary'r ferch hynaf yn aelod o Gyngor Sir Gaernarfon. Wedi ad-drefnu llywodraeth leol, daeth yn aelod o Gyngor Arfon a chafodd y fraint o fod yn Faeres cyntaf y bwrdeistref. Rhoddodd oes o wasanaeth i eraill ac i'w theulu. Yn ystod blynyddoedd olaf ei hoes, symudodd i Amlwch at ei mab, Gwyn a'r teulu. Mae tri o'r plant eraill, Mary, Harri a Rheinallt wedi mynd at ei gwobr erbyn hyn a dim ond dau o'r teulu sy'n aros, sef John ac Annie.

* * * *

Roedd dau dŷ ym Mron Seiont — John Owen ac Annie'r ferch oedd yn byw yn un a Humphrey Humphreys a'i chwaer Mrs Jones yn drws nesa. Cadwent hefyd ychydig o dir a rhyw dair buwch a mochyn yr un.

Roedd rhaid, wrth gwrs, cael morwynion — Maggie o Dan-y-coed yr ydw i yn ei chofio gyntaf efo Miss Owen. Byddai Maggie yn gorfod codi am chwech bob bore i odro a gofalu mynd â'r llefrith yn ddigon buan i'r felin wen fel bod John Humphreys yn medru mynd ag o i Siop Evan Owen y Becws yn Stryd y Llyn, sef brawd Annie Owen. Ar ôl danfon y llefrith y byddai Maggie druan yn cael brecwast. Yna byddai'n gorfod corddi, golchi, pobi, heb sôn am wneud dyletswyddau eraill, gan dderbyn dim ond 1/6 yr wythnos, un arw oedd Miss Owen. Swelan o'i cho a hen ferch. Yr adeg honno roedd y rhan fwyaf yn hen ferched neu yn hen lancia yn ardal Pont-rug. Bu sôn ei bod yn canlyn William Morgan Jones, Tŷ Slaters oedd yn athro, ond ddaeth dim byd o'r caru. Un anodd iawn i'w phlesio oedd yr hen Annie er ei bod yn bishyn bach del iawn.

Un tro roedd Maggie yn cwt allan yn cymysgu bwyd i'r mochyn ac roedd perthynas i Miss Owen yn dod yno o Lanrug. Y diwrnod hwnnw, dyma fo'n dod yn slei y tu ôl i Maggie a thrio cael cusan ganddi. Ond yr oedd Maggie wedi ei glywed yn dwad a dyma hi'n troi'n sydyn a thywallt y bwyd mochyn am ei ben i gyd. Sôn am le, ond mi ddysgodd wers iddo! Mi gadwodd yn glir wedyn. Byddai Maggie yn dod at mam i Lôn Glai yn aml a dyna lle byddai wrth ei bodd yn cael plethu fy ngwallt.

*   *   *   *

Mi awn ni ymlaen rŵan i drws nesa, at Humphrey Humphreys a'i chwaer Mrs Jones. Gwraig hoffus a charedig iawn oedd hi. Rwy'n cofio Clari, un o ferched Pen-y-gwaith o ochrau Clegir Llanberis yn dod yno yn forwyn tua'r un adeg â Maggie. Bu teulu Pen-y-gwaith — y bechgyn a'r merched — yn gweini bron i gyd o amgylch ardal Pont-rug yn eu tro. Pan aeth Clari drwy'r drws, y peth cynta a dynnodd ei sylw oedd yr ysgrifen uwch ben drws y gegin:

"Lle i bopeth, a phopeth yn ei le."

Roedd hithau, fel Maggie, yn gorfod gweithio'n galed — gofalu bod y gwartheg wedi ei godro cyn saith bob bore. Cyn gynted ag y byddai wedi eistedd ar y stôl odro, byddai un o'r cathod yn neidio ar ei hysgwydd, ac wedyn yn eistedd i lawr yn ymyl y fuwch ac yn agor ei cheg er mwyn i Clari wasgu llefrith o'r deth i'w cheg.

Roedd hi'n arferiad cadw bwyd y gwartheg mewn cist yn

y beudy. Un bore, dyma Clari yn agor y gist ac, er ei syndod, beth oedd yno ond pentwr o lygod mawr yn gwingo trwy'i gilydd. Rhedodd am ei bywyd i nôl Humphrey. Ambell waith, gwelech nhw'n dod yn haid gyda'i gilydd o'r afon. Wedyn, wedi cael digon o fwyd, ymaith â nhw ar eu taith, ond mi fu ganddi ofn garw mynd i'r beudy ar ôl hynny.

Wedi iddi fod yn forwyn ym Mron Seiont am ddwy flynedd, aeth adref i'r Clegir ar ei thro. "Wel," meddai ei mam, "mae'n amser i ti gael codiad yn dy gyflog. Mi ddof i i dy ddanfon di heno." A hynny a fu, er bod ei mam eisiau cerdded yn ôl i'r Clegir ar ôl hynny.

"Humphrey," eglurodd ar ôl cyrraedd, "mae Clari wedi bod yma ers dwy flynedd ac wedi bod ac wedi bod yn forwyn dda i chi. Nid morwyn yn unig ond gwas hefyd. Ydach chi ddim yn meddwl ei bod yn haeddu cael codiad yn ei chyflog?"

"Wel," meddai Humphrey, gan grafu ei ben, "wn i ddim, wir, tydi arian ddim i'w gael ar lawr." Ac yr oedd o, cofiwch, yn un o berchnogion y Felin Lechi!

"Wel," meddai hithau, "os mai felly rydych yn teimlo, gwnewch chi y gwaith gwas yn ei lle." Wedi hir drafod ar y mater, setlwyd am dair ceiniog o godiad. Bobol bach! buasai pobol yr oes hon wedi mynd ar streic y funud honno, ond roedd Clari a Maggie wrth eu bodd yn ardal Pont-rug ac yn edrych ymlaen am gael mynd i'r capel ar y Sul, ac i'r cyfarfodydd ganol yr wythnos, er gwaethaf y gwaith caled.

FFERM CEFN TRE SEIONT

Mae'r fferm hon yn fwy adnabyddus fel fferm y Kent. Tua diwedd y ganrif ddiwethaf, gŵr o'r enw Edward Humphreys oedd yn trigo yno. Dyn mawr, esgyrniog â choes bren ganddo oedd o, ac roedd pawb yn ei alw yn Humphreys y Royal. Roedd yn cadw'r Royal Hotel yng Nghaernarfon, y Victoria Hotel yn Llanberis, fferm y Parcia Griffith Crossing a fferm y Kent.

Roedd yn cadw gwartheg, bustych a moch yn y Parcia ac yn plannu digon o datws a phob math o lysiau. Yn Kent, tyfai wair, ŷd a chadwai tua hanner cant o ferlod. Ac, wrth gwrs, cadwai Ymwelwyr yn y Royal Hotel yn dre ac yn y Royal Victoria, Llanberis. Roedd yr hen fachgen wedi ei dallt hi'n iawn. Nid oedd trên yr Wyddfa wedi dechrau mynd yr adeg honno a'r hyn fyddai'r hen Humphreys yn ei wneud tua'r Pasg oedd cerdded y merlod i Lanberis. Yna, pan fyddai'r ymwelwyr yn cyrraedd Caernarfon, roeddent yn cysgu noson yn y Royal ac yn mynd i Lanberis y diwrnod canlynol. Byddai'r merlod yno yn eu disgwyl i'w cludo i fyny'r Wyddfa, ac wedyn ar ôl dod i lawr, roeddent yn cysgu noson arall yn Victoria. Roedd ganddo ddigon o fwyd ar eu cyfer yn y ddau westy a'r stori oedd ei fod wedi gwneud arian fel gro, ond bod ei fab wedi'u lluchio o'i amgylch fel dyn o'i go. Ni chlywais neb yn sôn beth fu ei ddiwedd.

Ym mhen amser, daeth rhyw wr o'r enw Prichard, Coed Marion yno. Twrnai yn y dre oedd o. Cadwai hwsmon a gwas, ond nid oes llawer o hanes iddynt hwy.

Tua 1912, daeth Griffith Jones, Bron Fedw Ucha, Rhyd-ddu yno. Mae gen i ryw gof bach ohono fo — coblyn o ddyn oedd yr hen Griffith. Roedd ffordd drol yn mynd drwy iard y Kent i fferm Tyddyn Bistle. Yr hyn fyddai'r hen Griffith yn ei wneud oedd rhoi clo ar y llidiard fel bod rhaid iddynt fynd i Rhosbodrual a throi yn ymyl yr hen Dyrpeg ar hyd y ffordd heibio Cae Garw, Bryn Glas a Tyddyn Slaters a thrwy dau gae er mwyn cyrraedd Tyddyn Bistle. Bu hynny'n ddigon i'r rhai oedd yn byw yn Tyddyn Bistle fynd oddi yno, ond daeth gŵr o'r enw Robert Jones a'i deulu i Tyddyn Bistle. Y peth cyntaf a wnaeth Robert Jones oedd mynd am y Faenol, a dweud hanes yr hen Griffith ac nad oedd yna ddim rheswm ei fod yn gorfod mynd yr holl ffordd trwy Rosbodrual i'w gartref. Buan iawn y daeth perchennog y Faenol yno a rhoi gorchymyn i'r hen Griffith dynnu'r clo a dweud bod ganddynt hawl i fynd â phopeth drwy'r iard. Roedd Griffith fel dyn cynddeiriog ond fe setlwyd y mater am byth.

Mae gennyf gof am fy nhad yn dod i'r tŷ un diwrnod gan ddweud bod Griffith wedi disgyn yn farw yn yr iard. Efallai bod helynt y clo wedi effeithio arno, ond ei fai o oedd y cyfan am fod mor ystyfnig. Ond rhai fel yna ydym ni ynte — mae rhyw ddrwg ynom i gyd.

Cymerodd ei frawd, Prys Jones, Bro Fedw y Kent wedi ei farw ac roedd o yn ŵr addfwynach na Griffith. Daeth Owen Owens o Lanrug yno yn hwsmon, ac wrth gwrs roedd gweision eraill yno yn ogystal gyda Doris o Dal-y-Sarn yn forwyn. Ym mhen amser, priododd Owen Owens â Doris, ond fel Now Kent yr oedd o fwyaf adnabyddus. Aethant i fyw i Dŷ Mawr Cae'r Glyddyn. Yno y ganwyd mab iddynt, sef Alwyn. Roedd bwthyn bychan arall yng Nghae Glyddyn — cipar yr afon oedd yn byw yno a phwy bynnag fyddai'n galw, ni chaent fynd ddim pellach na'r drws. Ond roedd Alwyn wedi dod yn ffrind garw i'r hen gipar. Un diwrnod, dyma fo'n dweud wrth ei fam:

"Wyddoch chi, pan mae'r cipar eisiau berwi tegell ar y tân, mae o bob amser yn rhoi padell ffrio odditano. Fedar o ddim ffrio ŵy na bacwn a'r tegell yn badell."

Cafwyd goleuni ar y mater ym mhen amser — roedd twll bach yn y tegell, ac felly roedd y badell ffrio yn dal ychydig o'r dŵr!

Wedi marw Prys Jones, daeth rhyw Major Kelly oedd wedi bod yn Major yn y fyddin i ffermio Kent. Nid oedd now yn awyddus iawn i aros yn Kent hefo'r hen Major ac aeth yn hwsmon at O. T. Williams, rheolwr y chwarel, i'r Faenol yn y Felinheli, gan ddal i fyw yng Nghae'r Glyddyn. Byr iawn fu arhosiad yr hen Fajor yn Kent, ac wedi hynny, prynodd O. T. Williams y fferm a daeth Now yn ôl i'w gynefin unwaith eto. Symudodd y teulu o Gaer Glyddyn i Kent ac, wrth gwrs, cafodd ei le yn ôl eto fel hwsmon. Roedd Doris yn wraig uchel iawn ei pharch a gwên ar ei hwyneb bob amser. Ceid croeso mawr yno ac rwy'n sicr nad aeth neb gartref o Kent heb fod wedi cael gwledd ardderchog.

Ymhen sbel, ganwyd bachgen arall iddynt, sef Michael, ac roeddent yn ffyddlon iawn yng nghapel Nazareth.

Dros y blynyddoedd, gwelodd Kent lawer o newid, ac yno penderfynodd O. T. Williams roi'r gorau i ffermio. Prynwyd y fferm gan Eric Jones, milfeddyg yn Twthill Caernarfon. Wedi bod yno am amser gydag Eric Jones, penderfynodd Now ei bod yn amser iddo ymddeol ar ôl dal cysylltiad â Kent am 45 o flynyddoedd. Do, bu Now yn was da a ffyddlon i'w feistri. Yn sicr, roedd yn ddiwrnod digon trist yn eu hanes pan adawsant ardal Pont-rug, gan symud i ymddeol i Fro Rhyddallt, Llanrug. Er hynny, roedd y ddau yn edrych ymlaen am gael amser i ymlacio ar ôl y gwaith caled.

Ni chafodd y teulu bach fawr o gwmni Doris wedi hynny oherwydd torrodd ei hiechyd a daeth y diwedd yn ddisymwth. Colled fawr i'r teulu a'i chyfeillion oedd ffarwelio â Doris oedd mor annwyl ganddynt.

* * * *

Yn y Felin Wen y trigai John Humphreys, ei briod a'i unig ferch, Annie Mary, — rhai eraill oedd yn ffyddloniaid yn hen gapel Nazareth eto. Bu Annie yn athrawes Ysgol Sul ar y genethod am beth amser. Gyferbyn â'r drws oddi fewn, roedd het plismon ar y wal. Y pwrpas oedd dangos bod plismon yn trigo yno, ond nid oedd yr un, er bod plismon yn perthyn i'r teulu yn rhywle.

Roeddynt yn gwerthu rhyw fân bethau yn y tŷ fel bara, sigarets Woodbine, poteli Ginger Beer a marblan wydr yn y

43

Mrs Edwards, Tai Bach

Y cartref yn adfail heddiw

corcyn — byddai llawer o'r gweision ffermydd yn mynd yno i brynu Woodbines a baco.

* * * *

Gerllaw Bron Seiont, roedd llwybr bychan yn arwain at dri bwthyn oedd bron ar lan afon Seiont. Gwilym Eifion a'i fam oedd yn byw yn yr un agosaf i'r llwybr, nid wyf yn sicr pwy oedd yn byw yn yr un canol, ond Huw Edwards a'r teulu oedd yn yr un agosaf i'r ffordd fawr. Pwtyn bychan oedd Huw ac yn gweithio yn y felin lechi. Hen fachgen crefyddol iawn a byddai'n cymryd rhan yn y cyfarfod gweddi. Yr Apostol Paul fyddai hi ar hyd y weddi ac felly fel Paul bach yr oedd yn cael ei alw. Roedd ganddynt un ferch, sef Maggie. Roedd yn iau na mi a chofiaf hi'n cael y frech goch. Nid oeddwn i wedi cael y frech goch ar y pryd, ac nid oeddwn yn sicr beth oedd. Roedd rhaid i mi fynd heibio tŷ Maggie i fynd i Ysgol Caeathro a dyma lle roeddwn yn cerdded gyda'r ochr agosaf i'r afon rhag ofn i mi ei chael hi. Beth bynnag cael y frech goch fu fy hanes yn y diwedd — a'i chael yn waeth o'r hanner na Maggie druan. Dyna beth oedd i gael am fod mor llwfr ynte!

Byddai gan Mrs Edwards feddwl y byd o'r ardd, er mai bychan iawn oedd. Dyma ei llun o flaen y tŷ. Mae'r hen dai wedi cael eu dymchwel ers llawer dydd bellach ond mae'r sylfaen i'w weld yno o hyd.

* * * *

Bu newid dwylo lawer tro ar fferm Bodrual. Rwy'n cofio Mrs Owens a'i merch Cissie yno pan ddaeth Jane, un o ferched Pen-y-gwaith eto, yno yn forwyn. Cadwent ddau was: Now Tan-y-llan, Pont-rug a Dic Glan Llyn, Llanrug. Bu Jane yn hapus iawn tra y bu yno, ac roedd Jane yn hoff iawn o anifeiliaid. Roedd ganddynt boli parot a hwnnw'n rêl hen geg. Roedd yno ryw hen iâr wedi cael criw o gywion bach ac yn rhyfedd, roedd yr hen iâr wedi cymryd yn erbyn un ohonynt. Pan fyddai Jane yn dod â bwyd i'r ieir, roedd yr hen iâr yn gofalu nad oedd y cyw bach yn cael tamaid i'w fwyta. Doedd dim byd i'w wneud ond i Jane ei fagu yn y gegin allan a dyna lle yr oedd yn ei dilyn i bob man. Os byddai eisiau neidio i ben rhywle, byddai'n rhoi piciad i goes Jane er mwyn iddi ei godi. Ymhen amser, symudodd y teulu o Bodrual i fyw i Brestatyn, a gyda hyn, penderfynodd Jane fynd yno i edrych amdanynt. Cyn gynted â'u bod wedi agor y drws iddi a chyn i neb ddweud gair, pwy oedd yn dweud "Helo Jane?" o'r cefn ond yr hen boli parot. Roedd wedi adnabod ei llais — go dda ynte?

*Y casgliad rhyfedd o dda pluog ar fferm Bodwal
gyda'r oen llywaeth wrth y drws*

46

Y SIPSIWN

Ymwelwyr â'r ardal yr oeddwn yn edrych ymlaen yn arw am eu gweld oedd tylwyth y Sipsiwn. Galwent heibio rhyw ddwywaith y flwyddyn gan gyrraedd gyda rhyw dair carafan o liw gwyrdd, coch a melyn, yn cael eu tynnu gan geffylau brith. Roeddent yn gwersyllu ar ochr y ffordd — nid oedd dim traffig yr adeg honno.

Tylwyth y Boswells, Lee a'r Lovells oeddynt. Eu dyletswydd cyntaf ar ôl cyrraedd oedd gollwng y ceffylau i bori ar hyd ochr y ffordd ac anfon y plant i hel coed tân. Gosodai'r dynion ffrâm haearn uwchben y lle roedd y tân i fod gyda bachau'n crogi ohoni i ddal y crochanau i goginio a berwi dŵr. Byddai fy nhad yn gadael i'r dynion fynd i hela i'r caeau gyda'u milgwn, a byddai'n rhoi tatws a rwdins iddynt. Roedd rhaid i rai o'r merched fynd i lawr y ffordd i'r ffynnon i nôl dŵr a byddai'r lleill yn paratoi pethau yn barod erbyn y dôi'r helwyr yn ôl. Byddai llawer o ffraeo ymysg ei gilydd a châi'r plant hwyl wrth eu clywed.

Byddent yn dal ysgyfarnogod ac unrhyw aderyn o'r gigfran i'r ffesant — a draenogod hyd yn oed. Roedd ganddynt ffordd neilltuol o'u coginio: ar ôl blingo ysgyfarnog, byddent yn ei thorri yn ddarnau a golchi'r cig gyda dŵr a halen gan ofalu cadw'r gwaed o'r neilltu. Yna rhoi'r cig yn y crochan uwchben y tân gyda thatws, rwdins, nionod a phob math o lysiau yr oeddynt wedi'u casglu ar hyd y perthi. Ar ôl berwi'r potes ddigon, byddent yn rhoi dipyn o ddŵr ar ben y gwaed, a'i roi yn y crochan ar ben y potes, ond gan ofalu nad oedd yn ail ferwi. Mae'n sicr bod ganddynt ryw reswm am hynny. Yna, dyna lle y byddent, yn eistedd mewn cylch o amgylch y tân gyda phowlenni pren a dechrau gwledda.

Byddwn innau'n cael eistedd gyda hwy a chael llond powlen o'r potas — roedd blas da iawn arno, os ydw i'n cofio'n iawn. Yn wahanol i'r gred gyffredinol, roeddynt yn neilltuol o lân hefo nhw eu hunain — yn golchi gwalltiau'r plant a hwnnw yn ddu fel y frân. Byddent hefyd yn gwneud eu sebon eu hunain gan ddefnyddio saim a soda a dŵr blodau gwyddfid wedi cael ei ferwi, ei gymysgu a'i roi mewn bocs pren a'i lapio mewn lliain nes y byddai wedi caledu dipyn. Ac, wrth gwrs, byddent yn gwneud pegiau dillad a mynd â hwy o amgylch gyda'u basgedi i'w gwerthu gan ddweud ffortiwn yr un pryd.

Un peth nad anghofiaf byth mohono yw eu gweld yn coginio draenog druan. Ar ôl ei ladd, roeddent yn ei lapio mewn mwd a'i daflu i ganol tanllwyth o dân. Pan fyddai'n barod byddai'r croen pigog yn dod i ffwrdd gyda'r mwd, a hwythau wedyn yn medru cyrraedd a mwynhau'r cig blasus. Efallai y buasai'n well i ninnau heddiw ddal mwy o ddraenogod a'u bwyta er lles ein hiechyd. Ond na, 'fuaswn i byth yn gallu bwyta draenog bach chwaith — mae ganddo wyneb bach del er ei fod yn bigog ac yn fyw o chwain!

Y noson cyn iddynt adael, byddwn yn eistedd gyda hwy a byddai un o'r dynion yn chwarae organ geg. Ymunai pob un ohonynt i ganu rhyw ganeuon Romani ac ambell gân Gymraeg. Byddai'r hen wragedd yn eistedd ar steps y garafan yn smocio gyda'u cetynnau clai.

Byddwn yn mynd i ben y tŷ gwair gyda mam i'w gwylio yn mynd i lawr y ffordd am Ynys Môn. Clywid sŵn y llestri yn tincian a sŵn traed y ceffylau yn trotian tua'r pellter. O'u hôl, ni fyddai ond llwch y lle tân — ond gwyddwn na fyddent yn hir iawn cyn dychwelyd.

STORI MAM

Onid yw'n beth rhyfedd fel y daw ambell gyfnod yn fwy byw i'ch cof, yn enwedig fel y mae'r blynyddoedd yn hedfan. Ychydig wythnosau cyn y Nadolig yn 1924, roedd wedi bod yn bwrw eira yn drwm a finnau wedi bod yn ceisio gwneud dyn eira. Rhoddodd mam ryw hen het galed ddu oedd yn eiddo i fy nhad ar ei ben. Roedd yn digwydd bod yn neilltuol o oer, ac roedd mam wedi gwneud tanllwyth o dân yn y siambar, er bod gennym dân yn yr hen gegin hefyd. Roedd yn fwy cysgodol yn yr hen siambar, ac roedd fy nhad wedi mynd i ffynnon y gors i nôl dŵr glân, gyda dwy fwced yn hongian wrth ei ochrau oddi wrth iau oedd am ei ysgwyddau. Roedd mam yn digwydd bod yn eistedd ar y gadair siglo ger y tân, a dyma hi'n fy nghymryd ar ei glin.

"Nel bach," meddai, "gan ei bod yn agos i'r Nadolig, rwyf am ddweud stori wrthyt ti sut y daethost i'r byd yma yn faban bach fel Iesu Grist.

"Roedd rhyw hen wraig — Mari Jones, Y Sarn — yn arfer dod i edrych amdanaf bob hyn a hyn. Bydwraig oedd hi. Un diwrnod, dyma hi'n dod â llond jwg o ryw ddiod i mi a dyma finnau'n gofyn iddi beth oedd o. 'Wel, Grace,' meddai 'gan dy fod mor bengaled, dail mafon gwyllt a phowdwr Cayenne wedi ei ferwi ydi o.' Ta waeth, ei yfed fu raid i mi, ac am beth drwg oedd o hefyd! Gartref â Mari ac wyddost ti, bu raid i dy dad fynd i nôl yr hen Fari ganol nos. Erbyn y bore, roedd gennym ninnau fabi bach. A dyma chdi heddiw gyda dy wallt melyn cyrliog."

Ac ar ôl dweud hynny, rwyf yn ei chofio fel heddiw yn troi'n sydyn, ac yn syllu ar yr hen wely waunsgod, a throi a syllu ym myw fy llygad gan ddweud.

"Wyddost ti, mi fydd yr hen ddyn eira wedi diflannu mewn noson efallai ac ni fydd dim ond ei het ar ôl. Mi fuaswn yn hoffi i ti gofio lle y cefaist ti dy eni — mewn hen wely waunsgod yn hen ffermdy Lôn Glai. Mae o'n lle sydd wedi bod yn gysegredig iawn — yn gartref yr Ysgol Sul, yn fan cynnal cyfarfod gweddi ac ambell bregeth. Ac weithiau, wyddost ti, byddaf yn teimlo 'mod i'n clywed atsain ambell emyn yn dod o'r muriau yma. Efallai, ar ôl i ti dyfu yn hogan fawr, y byddi'n priodi yr un fath â dy dad a minnau ac y cewch chi blant bach eich hunain. Os bydd, cofia adrodd stori eu nain wrthyn nhw."

Roeddwn yn siwr bod deigryn yn ei llygaid. Wel i chi, roedd y Nadolig bron ar y trothwy, ac mi fyddai yna le garw acw oblegid mi fyddai eisiau casglu'r gwyddau at ei gilydd. Roeddem yn cadw tua hanner cant, yn lladd y pethau bach, a'u pluo nes y byddai pawb yn blu mân i gyd. Byddai Anti Jane, Tŷ Capel yn dod i helpu. Chweugain yr un fyddai 'nhad a mam yn ei gael am y gwyddau, neu ddeuddeg swllt wedi'u trin.

Byddwn yn edrych ymlaen at y Nadolig er mwyn cael mynd i'r *Band of Hope* i gael afal ac oren yn anrhegion. Yn tydi pethau wedi newid? Buasai plant heddiw yn synnu'n fawr pe na baen nhw'n cael dim ond afal ac oren.

Nid oedd gennym goeden Nadolig ffinwydden fel heddiw chwaith — dim ond brigau coed celyn i addurno'r tŷ. Ond un Nadolig, daeth hen wraig, sef Jane, Bryn Glas, ar draws y caeau, gyda choeden Nadolig i mi. Roedd wedi cael ei gwneud o ddau gylch pren wedi'u gosod wrth ei gilydd ac wedi'u haddurno â phapur lliwgar coch a gwyrdd. Roedd brigau bach o gelyn coch yma ac acw ac orenau ac afalau yn hongian arni. Roedd llinyn wrth y goeden ar gyfer ei chrogi ar fachyn o'r nenfwd. Roedd yn hardd iawn, ac ni welais i yr un tebyg iddi wedi hynny.

Y Nadolig hwnnw, roeddwn wedi cael crud bach gwellt â babi dol ynddo a llestri bach gan Santa Clôs. Rwy'n cofio fel y byddai'r postman yn dod ar ei feic drwy bob tywydd ar ddiwrnod Nadolig a mam yn gofalu ei fod yn cael "Crusmas Bocs", paned o de a mins-pei. Na, mae rhamant y Nadolig wedi newid yn arw ers pan oeddwn i yn blentyn. Cawsom Nadolig hapus iawn y flwyddyn honno a minnau'n smalio gwneud te i mam a 'nhad hefo'r llestri bach, gan beidio ag anghofio am Don y ci a Modlan a Blaci'r cathod, wrth gwrs.

Aeth Gŵyl y Nadolig heibio a gwawriodd y blwyddyn newydd 1925. Fel arfer, cynhaliwyd Cyfarfodydd Gweddïo bob nos am wythnos ar ddechrau'r flwyddyn. Roeddem ill tri wedi bod yn y cyfarfodydd bob nos. Wedi cyrraedd gartref ar y nos Wener, aeth mam ati fel arfer i baratoi swper. Ond trawyd hi'n wael yn hynod o sydyn a bu farw cyn y bore a hithau ond deugain a phum mlwydd oed.

Rwy'n cofio Anti Jane a genod Tŷ Capel yn mynd â fi i'w cartref a minnau ond 8½ oed heb sylweddoli beth oedd wedi digwydd yn iawn. Wedi bod yn Tŷ Capel am dipyn, dyma fi'n dechrau swnian 'mod i eisiau mynd adref at mam. Daeth Mary i fy nanfon a phwy oedd yn sefyll yn nrws y beudy ond fy nhad. Cofiaf redeg ato a gofyn iddo ble roedd mam. Cymerodd yntau fi yn ei freichiau a'r dagrau yn treiglo i lawr ei ruddiau.

"Nel Bach," meddai, "mae dy fam wedi mynd at Iesu Grist. Does yna ond y ni ill dau rŵan."

Hyd heddiw, rwy'n ei gweld hi'n rhyfedd bod mam wedi sôn wrthyf am Iesu Grist a hanes fy ngeni innau yn siambar Lôn Glai ychydig cyn y Nadolig ac yna bod 'nhad yn dweud wrthyf fod mam wedi mynd at Iesu Grist y diwrnod hwnnw. Rwy'n cofio diwrnod yr angladd a thrigolion yr ardal wedi dod i dalu'r gymwynas olaf iddi yn Eglwys Sant Michael, Llanrug.

Colled fawr i mi oedd colli mam gan fy mod yn unig blentyn. Bu 'nhad a minnau ein hunain am ychydig ond bu cymdogion yr ardal yn garedig iawn.

Ym mhen ychydig, daeth Sali fy nghyfnither acw fel howscipar. Roedd hi yn forwyn hefo'r diweddar Parch J. Puleston Jones a'i briod yn Llanfaircaereinion ond ychydig ddyddiau ar ôl mam, bu farw'r Parch Puleston Jones, ac aeth Mrs Jones i gartrefu at ei merch, Myfanwy i'r Garth, Caergybi, oedd yn briod â'r Parch. R. W. Jones, gweinidog Eglwys Hyfrydle Caergybi.

Bu Sali'n garedig iawn tuag ataf, ond eto roedd rhywbeth ar goll yn fy mywyd. Awn i lawr y ffordd gyda Don y ci at

Y garreg hirfain yng nghae Plas Tirion

afon bach Pengelli, sef afon Cadnant gan gasglu blodau ar hyd ochr y ffordd — briallu, fioled gwyllt a llygad y dydd. Roedd brwyn yn tyfu yn agos i'r afon a chasglwn rheiny hefyd. Eisteddwn ar bont lechan i wneud cychod bach gyda'r brwyn gan eu gwylio yn hwylio o dan y bont. Roedd rhai yn troi ar eu hochr, a'r lleill yn hwylio yn braf — yn debyg iawn i ninnau mewn bywyd.

Cofiaf fy mod wedi casglu tusw o friallu un tro. Roedd gennym gennin Pedr yn yr ardd a dyma fi'n dweud wrth fy nhad y buaswn yn hoffi mynd â nhw ar fedd mam. "Mi wn i be wnawn ni," meddai o, "mi awn ni ar ôl cinio, ac mi wna i odro ar ôl dwad yn ôl."

I ffwrdd â ni drwy lôn Plas Tirion ac wedi bod yn cerdded

drwy'r goedwig, dyma 'nhad yn dweud:

"Mi eisteddwn ni fan hyn am ychydig o seibiant."

Dyma fo'n cyfeirio at blasdy Plas Tirion.

"Wyddost ti," meddai, "mai rhyw ŵr o'r enw John Rowlands a'r teulu oedd yn byw yno flynyddoedd maith yn ôl, ac yn y cae fan draw mae bryn. Weli di'r garreg hirfain ar ben y bryn — mae honna'n cael ei galw yn Garreg y Fuwch."

Aeth yn ei flaen i adrodd yr hanes. Roedd gan John Rowlands fab o'r enw Hugh Rowlands a fu'n ymladd yn Rhyfel y Crimea yn 1854. Dychwelodd Hugh Rowlands gartref o'r rhyfel heb lawer o niwed, a'i dad a roddodd y garreg ar ben y bryn i nodi'i ddiolchgarwch am hynny.

"Well i ni ei chychwyn hi," meddai 'nhad ar ôl gorffen yr hanes. "Mae hi'n edrych yn debyg iawn i storm."

Ac yn wir i chi, pan oeddem yn cyrraedd y fynwent, dyma'r glaw, y tarannau a'r mellt yn dechrau. Bu raid i ni gysgodi yn y Porth Bychan oedd yn arwain at yr Eglwys. Roeddwn innau'n edrych i fyny at y gwaith Marconi ac yn gweld y mellt yn gwibio hyd y gwifrau. Ceisiodd fy 'nhad adrodd ychydig o hanes yr hen eglwys wrthyf rhag i mi ddal i edrych i fyny at y Marconi.

"Wyddost ti," meddai, "mae'r hen eglwys hon yn hen iawn, a blynyddoedd lawer yn ôl, roeddynt yn arfer gwyngalchu ochor ddeheuol yr eglwys er mwyn i'r Morwyr ym Mae Caernarfon ei gweld gan nad oedd goleudy yno ar y pryd. Wyddost ti mai'r enw ar y lle rydym yn eistedd ynddo rŵan ydi'r *Lynch Gate* ac ar y Porch bach mae'r dyddiad Ad 1714. Edrych i fyny ar y gloch acw — y dyddiad ar honno ydi 1767. Mae dau enw arni — Griffith Williams a William Howell — ac mae sôn mai wardeiniaid oeddynt a'u bod wedi rhoi'r gloch yn anrheg i'r Eglwys."

Ym mhen amser, distawodd y storm, ac aethom at fedd mam i roi'r tusw blodau arno. Safai fy nhad gan fy ngwylio'n plygu i lawr i'w rhoi fesul un ac un. Dywedodd wrthyf ei fod yn sicr bod mam yn gwenu arnaf y funud honno. Aethom ymlaen heibio'r hen goeden ywen a dangosodd fy nhad feddau hen deulu Lôn Glai i mi. Cyn gadael y fynwent, adroddodd englyn i'r Hen Gloch:

> Tŵr y gloch, treigla uchod — ei wŷs hen
> I wasanaeth Duwdod,
> Cana ei hen dinc hynod:
> "Llan, llan, llan yw'r fan i fod."

Adref â ni heibio Sarn a hen orsaf Pont-rug ac i fyny'r hen lwybr bach. Roedd Sali wedi gwneud te yn barod i ni. Holodd ni ble'r oeddem wedi mochel y storm a dywedodd 'nhad fel yr oedd wedi adrodd englyn y gloch i mi ym mhorth yr Eglwys. Ysgrifennodd gopi ohono imi gan ddweud y bydd yr hen gloch yn siwr o ganu am sbel eto. Gwir y gair, mae'r gloch yn dal i ganu.

CYFNOD YN LLUNDAIN

Buan iawn yr aeth y blynyddoedd heibio a chyn hir roeddwn wedi gadael Ysgol Caeathro, gan dreulio peth amser yn yr *Higher Grade* yng Nghaernarfon. Nid oedd llawer o ddysgu yno, ond byddwn wrth fy modd yn adrodd ac actio mewn cyngherddau yn yr ysgol ac, wrth gwrs, yn chwarae hoci. Pan yn bedair ar ddeg oed, gadewais yr ysgol.

Yr adeg honno, byddai amryw o ddramâu yn cael eu cynnal yn hen Neuadd yr Eglwys, Llanrug a byddai Lizzie May, Stesion House a minnau yn cerdded yno. Un noson roeddem ar gychwyn adref pan aethom heibio Siop Dafydd, y crydd ar sgwâr y Post. Daeth dau hogyn reit glên atom gan gynnig ein danfon adref. Roeddem braidd yn swil ond dyma'r hogyn oedd yn cyd-gerdded hefo fi yn holi beth oedd fy enw, lle'r oeddwn yn byw ac ati.

"Wel," meddwn innau, "Nel Bach Lôn Glai mae pawb yn fy ngalw ac rwyf wedi gadael yr ysgol ers tymor yr haf ond rwy'n byw adref hefo fy nhad a Sali, fy nghyfnither ar hyn o bryd gan y bu mam farw pan oeddwn yn eneth fach. Beth am ychydig o'ch hanes chi, rŵan?"

"Ifor Rhos-ddu maen nhw yn fy ngalw i," meddai yntau, "ac rwyf yn byw yn Llannerch, Llanrug gyda mam a 'nhad, tri brawd ac un chwaer. Mi fu raid i mi fynd i weithio i'r chwarel ar fy union o'r ysgol, sef i Bonc Allt Ddu."

Felly yr aeth y sgwrs yn ei blaen. Erbyn inni gyrraedd Pont-rug, roedd hi wedi mynd yn ti a thithau rhyngom ni. Gwnaethom boints i gyfarfod ein gilydd ar ôl hynny ac felly bu am ychydig amser.

Ond daeth rhyw awydd drosof i fynd i ffwrdd i weithio gan fod Sali yn edrych ar ôl fy nhad. Ers colli mam, roeddwn wedi arfer crwydro dipyn gan aros gyda'r teulu. Roedd gan fy nhad frawd yn Bolton ac mi fyddwn yn mynd ar y trên, yng ngofal y giard, i aros atynt. Felly roedd crwydro yn fy ngwaed er yn ifanc iawn.

Roedd chwaer mam, sef Modryb Ann, fy Ewythr Owen a

Now y mab yn byw yn Ystrad Isaf, Betws Garmon. Fel yr oedd yn digwydd roeddwn wedi mynd i aros yno dros y Sul, a dywedais wrth Modryb Ann y buaswn yn hoffi mynd i ffwrdd i weithio.

"Wel," meddai, "mi fûm yn sgwrsio hefo teulu o Lundain y dydd o'r blaen ac maen nhw'n chwilio am hogan i edrych ar ôl eu bachgen bach. Maent yn aros yn Llys Meredydd, Waunfawr, ar eu gwyliau. Maent yn byw yn Kilden Church Road, Hanwell, ychydig y tu allan i Lundain. Fuaset ti'n hoffi mynd mor bell â Llundain?"

"Buaswn," meddwn.

Aeth Anti Ann a finnau i'r Waunfawr i gyfarfod Hugh Lloyd Williams , ei briod a'r bachgen bach sef Pierce. Wedi sgwrsio, dyma hwythau'n gofyn fuasen ni'n hoffi mynd adref gyda nhw i Lundain. Felly y bu, roedd dwy eneth o'r Waunfawr yn gweini gyda thad Hugh Lloyd, oedd yn feddyg yn Harley Street.

Adref â mi i ddweud wrth fy nhad a Sali fy mod yn mynd i Lundain. Braidd yn amheus oedd ei ymateb ef. Yna, roeddwn yn cyfarfod Ifor y noson honno, a dyma dorri y newydd iddo yntau. Nid oedd yntau'n hoffi fy ngweld yn gadael.

"Pam?" gofynnodd.

"Wel, eisiau gweld dipyn ar y byd," atebais.

"Wel, os felly rwyt ti'n teimlo, dos 'ta," oedd ei ateb. Dyma ffarwelio â'n gilydd. Ond wrth fy ngadael, dywedodd:

"Cofia sgwennu."

Cychwynnais o orsaf Caernarfon gyda'r teulu a 'nhad yno'n ffarwelio â mi.

"Cofia fod yn hogan dda," meddai, "a mynd i'r capel."

Roeddwn wedi arfer mynd ar y trên i Bolton, ond nid oedd honno'n siwrnai mor hir â'r un i Lundain. Roeddwn wedi syrthio i gysgu cyn cyrraedd Llundain a go brin bod hynny yn dangos fy hun yn esiampl dda i'r teulu cyn dechrau gweithio yno. Ond buan iawn y cartrefais yno a byddwn yn mynd allan bob dydd gyda Pierce bach i'r parc.

Roeddwn yn aelod o gapel Cymraeg Ealing Green, a gwneuthum lawer o ffrindiau yno. Roedd llawer yn cadw llaethdai yn Llundain. Weithiau, ar y Sul, byddai'r teulu'n mynd i Harley Street a byddwn innau'n mynd gyda hwy. Cawn fynd gyda Mem a Jennie o'r Waunfawr i Eglwys Charing Cross ac ar ôl y capel byddai'r Cymry yn cyfarfod yn Hyde Parc er mwyn canu.

Byddai gennym gyfarfodydd adeg Gŵyl Dewi a'r Nadolig yng Nghapel Ealing Green. Cofiaf un Nadolig pan oeddwn yn digwydd adrodd yno. Ar y diwedd, dyma ryw deulu ataf wedi deall mai o Bont-rug yr oeddwn yn dod. Roeddent hwythau wedi bod yn byw mewn rhyw fwthyn bychan ar ochr ffordd Rhosbodrual ond wedi dod i gadw Caffi i Southhall. Wedi hynny, roeddwn yn mynd yno yn aml i'w gweld.

Cofiaf eisteddfod yng nghapel Jewin a'r Parchedig Jeffrey Davis, gweinidog Ealing Green eisiau i Maggie a finnau fynd yno i adrodd. Roeddem wedi bod wrthi'n ymarfer gydag ef sawl noson. Pan ddaeth y diwrnod mawr, dyma gychwyn yn dalog ond mi wnaethom goblyn o gamgymeriad ar y "Tube". Erbyn inni gyrraedd Jewin, roedd y gystadleuaeth wedi bod. Roeddem ill tair yn methu â gwybod beth i'w wneud gan ein bod eisiau gwynebu'r gweinidog ag yntau wedi trafferthu ein dysgu. Ond chwarae teg iddo, y cyfan a ddywedodd oedd:

"Na hitiwch, genod bach. Rwyf innau wedi colli'r ffordd yn aml yn y Ddinas Fawr."

DYCHWELYD

Bûm yn Llundain am yn agos i ddwy flynedd. Roeddwn yn ysgrifennu adref ac at Ifor yn gyson. Deg swllt yr wythnos oedd fy nghyflog — roedd yn arian mawr yr adeg honno.

Daeth Nadolig arall ar ei dro, a dyma dderbyn parsel o gartref, ac un arall oddi wrth Ifor. Bocs o siocled a hances lês oedd anrhegion Ifor. Nid oedd gen i syniad beth i'w anfon iddo ond digwyddais gerdded i lawr stryd yn Ealing Broadway a gweld pwlofer lliw byrgyndi heb lawes arni. Y pris oedd 3/11 yn yr hen bres. I mewn â fi a'u cael yn bobl glên iawn. Mi wnaethant y parsel yn barod i'w bostio, ac erbyn deall, roedd ganddynt hwythau gysylltiad â Nant Peris.

Ar ôl yr ŵyl, daeth llythyr oddi wrth Ifor yn diolch am y pwlofer gan ddweud ei fod yn hoffi'r lliw. Ar ddiwedd y llythyr, roedd wedi ysgrifennu'r pennill hwn:

Rwy'n edrych dros y bryniau pell
Amdanat bob yr awr,
Tyrd, f'anwylyd, mae'n hwyrhau
A'm haul bron mynd i lawr.

Arhosais yn Llundain am ychydig ar ôl hynny, ond yn fuan, daeth hiraeth arnaf am gael dod yn ôl i Gymru. Nid oedd y teulu eisiau i mi adael a chefais gynnig mwy o gyflog. Ond adref i Gymru y daeth Nel Bach. Cefais groeso mawr gan fy nhad, Sali a'r cymdogion — heb anghofio Don y ci. Ac Ifor, wrth gwrs. Rwy'n sicr ei fod wedi cael rhai eraill ar y slei — roedd pawb yn adnabod Ifor Rhos-ddu — ond Nel Bach Lôn Glai oedd y dewis cyntaf!

Byddai Ifor a minnau'n hoff iawn o gerdded yn y gwanwyn a'r haf, ac ym misoedd y gaeaf, y Guild Hall neu'r Empire a'r hen bafiliwn oedd yr atyniadau. Byddem yn hoff iawn o gerdded ar hyd y ffordd o Erw Fforch gan fynd heibio llidiard Llwyn Bedw. Roedd yna ryw lecyn ar ochr y ffordd honno oedd wedi cael ei enwi gan y dynion fyddai'n torri'r gwrych yn "Y Goeden Garu", gan eu bod wedi sylwi

58

bod mwy o draul i'w weld ar y llecyn hwnnw! Lawer gwaith bûm yn gwylio trên bach yr Wyddfa yn dod ar ei thaith i lawr y llethrau o'r copa. Rwy'n sicr bod yr hen Goeden Garu yn dod â llawer o atgofion yn ôl i rai oedd yn gwybod amdani.

Llecyn arall y gwnaethom dreulio llawer o amser ynddo oedd Cei Caernarfon. Byddem yn eistedd am ychydig yn ymyl y castell ac yna'n cerdded ar hyd y cei gan edrych i gyfeiriad y Fenai a gwylio hen Stemar Bach Sir Fôn yn dod yn araf i'r porthladd. Doedd y fainc ddim ymhell o'r porthladd ac wrth wylio'r haul yn machlud o'r fan honno y gwnaeth Ifor a minnau benderfynu dyweddïo.

Ym mhen amser, priodwyd ni yng nghapel Seilo, Caernarfon gan Y Parch. John Smith, gweinidog Nazareth a Chaeathro. Dyna oedd dymuniad fy nhad gan mai yno y priodwyd fy mam ac yntau. Cawsom ein gwledd briodas yn yr hen Stesion Hotel, Caernarfon gan dreulio ein mis mêl gyda'r teulu yn Bolton, am ychydig ddyddiau.

Dechreuodd Ifor a minnau ar ein bywyd newydd. Bu Ifor yn help garw i fy nhad er ei fod yn codi'n fore i fynd i chwarel Dinorwig bob dydd. Ym mhen amser ganwyd merch fach i ni. Cafodd fy nhad foddhad mawr o weld ei wyres fach gyntaf ac roedd eisiau i mi ei bedyddio yn Grace, yr un enw a mam. Roedd Ifor a minnau wedi bod yn sôn am alw'r babi yn Wyn os mai bachgen a gaem am ei bod yn bwrw eira ar ddiwrnod ein priodas, sef y dydd cyntaf o Ragfyr. Felly bedyddiwyd y fechan yn Grace Wyn.

Pan oedd hi yn naw mis oed, bu farw fy nhad yn sydyn iawn, ond diolch ei fod wedi cael magu llawer arni ac wedi gweld y wên gyntaf a'r dant cyntaf. Claddwyd yntau gyda mam. Bu ei le yntau yn wag iawn. Roeddwn wedi colli'r ddau cyn bod yn ugain oed.

Roedd yn amser digon dyrys i Ifor a minnau gan mai perthyn i Stad Llanfairisgaer yr oedd Lôn Glai ar y pryd. Un diwrnod, galwodd stiward y stad i ddweud bod y stad yn barod i'n derbyn fel tenantiaid ar fferm Lôn Glai gan bod yr hen deulu wedi bod yno erioed.

Methem yn glir â gwybod beth i'w wneud gan fod Ifor yn gweithio yn chwarel Dinorwig a minnau ond ieuanc a dibrofiad. Roedd tad Ifor yn dipyn o fusneswr, ond roedd ei fam yn wraig annwyl iawn. Bu fel mam i mi ac yn hynod o garedig bob amser. Roedd tad Ifor yn benderfynol mai mynd oddi yno oedd y peth gorau inni. Ceisiodd roi ar ddeall i Ifor na fedrai fyth ffermio a mynd yr holl ffordd i'r chwarel bob dydd. Roedd newydd brynu tŷ yng nghanol pentref Llanrug ac felly yr oedd eu hen gartref yn wag. Cynigiodd Llannerch inni am rent o bunt y mis. Dyna sut y bu i mi adael Lôn Glai. Diwrnod digalon iawn oedd hwnnw pan drois fy nghefn ar yr hen gartref. Mi ddaru Ifor ddyfaru llawer ar ôl hynny ei fod wedi gwrando ar ei dad yn lle cymryd mwy o bwyll.

Llwyddodd y ddau ohonom i gartrefu yn weddol yno, ond roedd yn rhyw newid mawr wedi arfer bod ymysg yr anifeiliaid ac yng nghanol bywyd y fferm. Ar ôl inni fod yn byw yn Llannerch am ryw naw mis, gan ddechrau gwneud cyfeillion yn yr ardal, ac ymaelodi yng Nghapel Mawr, Llanrug, daeth Griffith Jones, tad Ifor, acw un noson gan ddweud fod arno ofn, ond bod rhaid inni symud oddi yno yn o fuan. Erbyn deall, roedd yr hen Griffith wedi cael cynnig gwerthu Llannerch i ryw ddynes o Deiniolen am bris da. Roeddem ill dau yn reit syn, ond nid oedd yna ddim troi ar Griffith. Doedd dim byd amdani ond dechrau chwilio am gartref arall.

Digwyddais weld R. T. Griffith, Pen-y-buarth ar y ffordd (mae o'n fwy adnabyddus fel Dic Ddôl-Helyg, Cwm-y-glo). Roedd yna ryw gymysgiad teulu rhyngddo â teulu Lôn Glai a dywedais yr hanes wrtho.

"Wel," meddai o, "mae Pen Lan yn digwydd bod yn wag gennym ar hyn o bryd. Mi gewch fynd yno nes daw tŷ cownsil yn rhywle. Ond cofia, does yna ddim dŵr na lectric yno."

Doedd hynny'n poeni dim arnaf. Rwy'n cofio Ifor yn dod o'r chwarel ac wedi clywed yr hanes gennyf, i ffwrdd â fo heb fwyta'i swper chwarel am Pen-y-buarth. Diolch i'r drefn, roeddem yn ymadael i Pen Lan ymhen yr wythnos. Lle hynafol iawn oedd Pen Lan, yng nghanol y caeau, ac afon Seiont yn llifo am Bont y Crawia oddi tano.

Ifor a minnau a'r plant yn 1937
gyda hen Felin Crawiau yn y cefndir

Tŷ gweddol fychan oedd o: cegin a siambar, un llofft a rhyw gegin gefn hir yn arwain at ddrws i fynd i'r tŷ gwair lle roedd y pwll dŵr glân, a ninnau'n gorfod ei godi gyda bwced wrth raff. Roedd yno berllan fawr o afalau ac eirin, a digon o le i blannu tatws, llysiau a choed gwsberins a chyrains duon. Roedd hi'n ardd hen ffasiwn gyda choed bach pren bocs yn tyfu ar ochrau'r llwybrau. Treuliodd Ifor lawer o'i amser yn yr ardd, a hefyd byddai wrth ei fodd yn mynd i lawr y cae i bysgota i afon Seiont.

Ganwyd merch fach arall i ni, a bedyddiwyd hi'n Elizabeth Gwendolen gan y Parch. Goronwy Williams, gweinidog Capel Mawr. Ond Gwenno oedd ein henw arni.

Gwasanaeth Coffa

(Memorial Service)

am

Fechgyn Caban "Steam Mills"
a aberthasant eu bywydau
1939 — 1945

Wyn Griffith.	Griffith Bevan Lewis
Arthur Wyn Hughes.	David Closs Morris
Owen Wyn Hughes.	James Parry
Kenneth Jones.	Thomas Rowlands
Ellis Arvon Jones.	Samuel Roberts
Edward Jones.	Hughie Thomas
David R. Jones.	Ifor Thomas
Elfed Jones.	Gwilym M. Williams
Charles Jones.	Griffith J. Williams
Evan Lewis Jones.	Robert Williams

Cynhelir y Gwasanaeth yn y Caban, Mai 23ain, 1950

Argraffwyd gan Parry a'i Feibion, Penygroes.

ARDAL LLANRUG A CHWM-Y-GLO

Y drws nesaf i'r Coparét yn Llanrug roedd siop Bob Barbar. Pwtyn go fychan oedd Bob a chôt wen lân ganddo bob amser. Byddai'n agored yn hwyr gyda'r nos er mwyn rhoi cyfle i'r chwarelwyr fynd yno. Roedd grât yn y siop i gadw lle'n gynnes ond yn amlach na pheidio, byddai Bob wedi gadael y tân fynd i'r gwaelod. Roedd dwy gadair a mainc o bobtu'r tân, a defnyddiai Bob un gadair i shafio a'r llall i dorri gwallt. Gwerthai sigarets, baco, da-da, lemonêd a Ginger Beer yn ogystal. Roedd cownter y tu ôl iddo ac ar hwnnw roedd desg fechan gyda chlo arni bob amser lle cadwai ei arian. Pan ar hanner shafio, deuai rhywun i mewn eisiau sigarets a byddai Bob yn gorfod gollwng ei rasal neu ei siswrn er mwyn mystyn am y sigarets, agor clo'r ddesg, rhoi newid i'r cwsmer, cloi'r ddesg drachefn ac yna ail-ddechrau shafio. Cyn gynted ag y byddai wedi ail-ddechrau, deuai criw o blant i mewn. Un eisiau gwerth ceiniog neu werth dimai o wahanol dda-da. Y lleill ddim yn sicr beth oedd arnynt eisiau. Yna, byddai'r sawl yr oedd Bob ar hanner ei shafio yn cychwyn curo'i draed ar y llawr. Dechreuodd Bob golli'i dymer. 'Cym on Sc-ips' fyddai ei hoff ymadrodd wrth y plant wrth eu hannog i wneud eu penderfyniad. Ond byddai'n rhaid iddo fynd i'r ddesg i nôl newid a'i chloi nifer fawr o weithiau.

Bobol bach, byddai'n ei chael hi gan ambell un fyddai ar hanner ei shafio: "Diawl, Bob Bach, ella y buasai'n well i mi dyfu locsyn!" Ond dal i fynd yno y byddai'r hen fechgyn.

Gwelech Bob yn mynd ar gefn ei feic i gartrefi'r rhai oedd yn methu mynd i'r siop. Mae'n chwith meddwl fod drws hen siop y barbar wedi'i gau ers llawer dydd bellach. Mae'r tân wedi diffodd, yr hen ddesg wedi'i chloi am byth, a'r cadeiriau wrth y tân yn wag.

* * * *

Buom yn hapus iawn ym Mhen Lan — roedd yn lle hynafol a thawel. Byddem yn gweld yr hen drên chwarel yn mynd heibio o'r Felinheli i'r Gilfach Ddu a rhyw unwaith y mis, gwelech y garej felen yn y canol. Wythnos y Cyfrif Mawr os galwech o'n 'gyfrif mawr' oedd honno neu rhyw dro pan fyddai rhai o deulu'r Faenol yn ymweld â'r chwarel.

Ond un diwrnod, daeth Dic acw a dweud ein bod wedi cael tŷ cownsil ar stad Dolafon, Cwm-y-glo. Dyma gasglu ein pethau at ei gilydd eto. Roeddem ni fel y sipsiwn yn symud o le i le. Lle cartrefol iawn oedd stad Dolafon gyda phawb yn helpu'i gilydd. Roeddem yn gweld ein hunain wedi codi yn y byd gan fod trydan, dŵr a bathrwm yn y tŷ.

Ym mhen amser, ganwyd y trydydd plentyn i ni, sef mab y tro hwn. Bedyddiwyd yntau gan y Parch. Goronwy Williams yn Owen Alun — Owen ar ôl fy nhad ac Alun ar ôl brawd Ifor, ac Alun yr oeddem yn ei alw. Daeth yn ei flaen yn rêl boi, gyda'r genod yn ei ddifetha.

Gyda'r nos yn yr haf, byddem yn cerdded at gastell Bryn Bras. Efallai na ŵyr rhai ohonoch amdano — saif ar ffordd sy'n arwain o Lanrug i'r Clegir a throsodd i Llanberis. Mae sôn nad oes dim enwogrwydd yn perthyn iddo yr un fath â chestyll eraill Cymru am mai mewn adeg o heddwch a thawelwch yr adeiladwyd ef. Ei amcan oedd bod yn breswylfod yn hytrach nag amddiffynfa rhag y gelyn, ond mae'n gastell hardd iawn yng nghanol y bryniau a bydd llawer yn ymweld ag ef.

Wedi eistedd am ychydig wrth borth y castell, ymlaen â ni am Fwlch Cwm-y-glo. Dyna ichi le da am lus — byddai'r hen blant wrth eu boddau yn eu casglu, ac wrth gwrs byddwn innau yn gorfod gwneud tarten lus ar ôl mynd adref. O, mi fyddai blas da arni, ond heddiw maent yn dweud bod popeth yn codi rhyw salwch arnoch chi. Pwy bynnag ydyn *nhw* ynte?

Y CHWAREL A'R RHYFEL

Roedd Ifor yn dal i weithio yn y chwarel ers yn bedair ar ddeg oed, sef yn Allt Ddu, ond ym mhen amser symudodd i Bonc y Ffeiar Enjin. Roedd gan y rhan fwyaf o'r chwarelwyr eu caban ei hunain a Llywydd ar hwnnw i ofalu am y gwahanol weithgareddau. Yno y byddent yn rhoi'r byd yn ei le — pregeth y Sul, politics a ffwtbol. Byddent yn cynnal cyfarfod Gŵyl Dewi, Carolau Nadolig ac yn adrodd pob math o straeon. Byddai llawer o dynnu coes yno hefyd — roedd sôn am hiwmor y chwarelwr. Byddai dadlau brwd ar amryw faterion — er y gwaith caled a'r cyflog bychan, roedd gan y chwarel gyfraniad mawr i'w roi i bob un o'i phlant. Doedd yna neb gwell na'r chwarelwyr am roi help llaw pan fyddai rhyw brofedigaeth yn y teulu. Gwelech dyrfa wedi dod ddydd yr angladd i ddangos eu parch i'r teulu. Yr arferiad fyddai rhoi "offrwm", sef gosod hancas wen ar ganol y bwrdd cyn i'r gwasanaeth ddechrau. Eisteddai'r gweinidog ac un blaenor wrth y bwrdd a gwelid yr offrymwyr yn dod i mewn fesul un ag un ac yn rhoi pisyn gwyn yn yr hances. Byddai'r gweinidog yn cynnal gwasanaeth bach yn y cartref, ac ar y diwedd yn gafael ym mhedair congl yr hances ac yn cyflwyno'r offrwm i'r teulu cyn ymadael gyda'r hers am y fynwent.

Nid oedd pawb yn gallu gadael y gwaith i fynd i'r angladd, wrth gwrs. Ond byddai Beibl ym mhob caban bron ac er mwyn dangos parch i'r teulu byddent yn cynnal gwasanaeth yn y caban.

Dro arall, os byddai chwarelwr wedi bod gartref yn wael am beth amser, yr arferiad fyddai cynnal cyngherddau elusennol i gasglu arian i helpu'r teulu gyda'r ardal gyfan yn rhoi o'i cheiniogau prin. Yn 1937, penderfynwyd cynnal eisteddfod yng nghaban Mills. Roeddent yn ei chynnal am bedwar niwrnod, ac mi fydda'n le garw yno — hwn a hwn wedi cael cam ac ati. Yn 1938, cafwyd Eisteddfod Gadeiriol yno. Y "Gadair" oedd blocyn tîn a chefn arno. Y bardd buddugol oedd Emyr Jones, y Waunfawr. Ond yn 1939, daeth yr Ail Rhyfel Byd a chwalwyd rhamant yr eisteddfod a'r caban am y tro. Caewyd rhan o'r chwarel ac agorwyd gwaith y Necaco o'r Allt Ddu i'r Gilfach Ddu.

Aeth rhai i weithio i chwarel Glyn Rhonwy, ond wrth gwrs darparu ar gyfer y rhyfel yr oeddynt gan baratoi lle i gadw pethau gwerthfawr. Rwy'n cofio Ifor yn mynd yno gan nad oedd wedi pasio i fynd i'r rhyfel oherwydd rhyw anhwylder. Bu yno am beth amser, ond bu raid iddo ef ac amryw ohonynt fynd gyda'r gwaith i ffwrdd i Aldridge yn ymyl Walsall. Nid oedd Ifor yn cael dod adref a byddwn innau'n anfon parsel iddo yn reit aml gyda rhyw fan bethau fel Bara Brith a theisen blat.

Fel yr âi'r amser, roedd yr hen blant yn dechrau holi pryd roedd eu tad yn dod yn ôl. Dyna oedd y gân bob dydd bron, a dyma fi'n dweud wrthynt un diwrnod y buasem yn mynd draw i Aldridge i'w weld.

Roedd pris y trên yn ddigon rhad yr adeg honno. Dyma bacio ein pethau gan ofalu mynd â'n llyfrau rashons a'n 'gas mascs' gyda ni. Roedd Grace Wyn a Gwenno wrth eu boddau yn cael cario rhai pethau a finnau'n cario Alun. Cychwyn o orsaf Caernarfon, newid ym Mangor ac am Crewe. Rhaid oedd newid yno am drên i Aldridge, er bod yr hen blant yn meddwl ein bod wedi cyrraedd. Cael diod o 'lime juice' i ddisgwyl ac ni chefais ddiod cyn cystal erioed.

Ymlaen â ni eto nes cyrraedd pen y daith o'r diwedd. Roeddem yn disgwyl gweld Ifor ar y platfform ond nid oedd olwg ohono. Daeth rhyw ŵr dieithr atom gan ddweud mai ef oedd Mr Chilton, perchennog y tŷ lle roedd Ifor yn aros. Esboniodd bod Ifor wedi gorfod gweithio'n hwyr ac arweiniodd ni i'w gartref. Cawsom groeso mawr gan ei wraig. Ar hyn, dyma Ifor yn cyrraedd a sôn am lawenydd — yr hen blant yn ceisio gweiddi ar draws ei gilydd er mwyn tynnu'i sylw. Bûm yno am dair wythnos — roedd Ifor yn gorfod dal i weithio a byddwn innau'n ceisio helpu Mrs Chilton. Byddwn yn mynd â'r plant allan i'r parc ac i gyfarfod Ifor o'i waith a sawl noson byddai'r seiren yn canu a byddem ninnau'n gorfod rhedeg am *Air Raid Shelters*. Yn aml iawn, byddem yn gorfod aros yno am beth amser er bod y plant yn cael hwyl iawn gan nad oeddynt yn deall beth oedd yn digwydd.

Deuai'r ymosodiadau'n amlach a chwalwyd adeiladau a chollwyd bywydau gerllaw inni. Dyma benderfynu mai gwell oedd i ni fynd adref yn ôl i Gymru. Nid oedd Ifor eisiau ein gweld yn gadael ac roeddem ninnau'n ddigon digalon yn gorfod ei adael yno. Cyrraedd Dolafon yn saff a chofiaf Grace Wyn a Gwenno yn rhedeg i dŷ Mrs Davies i ddweud yr hanes. Roeddem yn meddwl ein bod wedi gadael y rhyfel y tu ôl inni, ond cyn i ni fynd i'n gwlâu canodd y seiren a dyma ninnau'n rhedeg i'r twll tanygrisiau. Cafodd un o'r awyrennau ei bwrw i lawr ar ochor yr Elidir y noson honno "Mam," meddai'r genod, "mae'n rhaid eu bod wedi dallt ein bod ni wedi dwad adref ac rŵan maen nhw wedi dwad ar ein holau."

Ni fu Ifor yn hir iawn i ffwrdd ar ôl hynny a daeth adref yn saff. Er iddo fod yng nghanol y bombio lawer tro, roedd gennym le mawr i ddiolch ein bod yn deulu bach gyda'n gilydd unwaith yn rhagor. Ym mhen amser ganwyd geneth fach arall i ni a phenderfynwyd ei galw yn Ronwen. Bedyddiwyd hi gan y Parch. Tom Nefyn Williams yn eglwys Pontrhythallt. Roedd y gwasanaeth y bore Sul hwnnw yn un bythgofiadwy gan y gŵr a oedd mor annwyl gan bawb. Cyn hir, ganwyd mab arall a chefais fy ffordd fy hun y tro hwnnw drwy ei fedyddio yn Wyn Griffith i'n hatgoffa o eira dydd ein priodas. Ar ôl hwnnw, ganwyd mab arall — Dafydd Ifer, ar ôl yr enw yn y llyfr *'Yn Oes yr Arth a'r Blaidd'*. Ar Chwefror 29, 1948 y ganwyd ef ac fe'i bedyddiwyd gan y Parch. Idris Davies.

YN ÔL I LÔN GLAI

Pan oedd Ifer tua naw mis oed, clywsom bod eisiau gofalwyr yng nghapel Nazareth (sef Capel Lôn Glai i mi). Dyma benderfynu anfon cais am y swydd, a daeth y newydd da ein bod wedi'n derbyn yno. Codi pac unwaith eto a phrofi'r llawenydd o ddod yn ôl i'r hen ardal. Roedd Tŷ Capel yn ddigon mawr i ni fel teulu, ond ar y dechrau nid oedd ganddom ddim trydan o gwbl, ac roeddem yn gorfod cario dŵr yfed o ffynnon Lôn Glai. Ond nid oedd hynny'n poeni dim arnom.

Byddai Ifor yn brysur bob bore Sadwrn yn llenwi lampau olew y capel ac yn trimio'r wigiau a finnau yn glanhau y gwydrau. Ar nos Sul, dyna lle byddai Ifor yn ofni i ambell lamp ddechrau mygu. Roedd dwy stôf baraffîn i gnesu'r capel — nid oedd sôn am wres canolog yr adeg honno wrth gwrs, ond roedd mwy o bobl yn dod i'r oedfaon i'w cadw'n gynnes. Erbyn heddiw, mae gennym fwy o wres a llai yn dod i addoli. Gydag amser, daeth y trydan a gwerthwyd yr hen lampau paraffîn. Pan aethom yn ôl i Nazareth nid oedd yno ond dau flaenor, sef John William Jones, tŷ Slaters a Miss Rowlands y flaenores. Roedd Annie Owen, Bron Saint yn dal i ganu'r organ. Cofiaf, pan yn blentyn, fel y byddai llond y sêt fawr o flaenoriaid: John Jones, Dolgynfydd; Robert Owen, Tyddyn Corn; Robert Edwards, Erw; Humphrey Humphreys, Bron Seiont a Harri Roberts, Tŷ Capel a'r cwbl yn mynd ar eu gliniau i weddïo. Sawl blaenor sy'n mynd ar ei liniau heddiw?

Cawsom lawer o bleser yn Nazareth yn arbennig wrth baratoi ar gyfer y Sul gydag ambell bregethwr yn dod ar nos Sadwrn ac yn aros tan fore dydd Llun. Roedd rhai yn gymeriadau doniol iawn. Cofiaf un yn dod o Fethesda a finnau wedi gwneud salad a chig oer iddo i swper nos Sadwrn. Yntau yn dweud y buasai'n bwyta'r cig oer ond gofynnodd inni gadw'r salad iddo i frecwast ar y Sul gyda'r bacwn a'r ŵy.

Wrth gwrs, roedd ambell un yn rhyw sych-dduwiol, a

bryd hynny diolch bod Tŷ Capel yn ddigon mawr. Roedd y teulu yn dal i fynd yn fwy — ymhen rhyw ddwy flynedd ganwyd bachgen bach i ni eto.

Cofiaf John Jones, Tŷ Slaters yn galw ac yn ein hannog i'w alw'n John ar ei ôl ef. Roeddwn i wedi hoffi'r enw Ian, ond i blesio John Jones druan cafodd ei fedyddio yn John Ian gan y Parch. John Smith.

Fel yr eglurais, pan ddaethom i Dŷ Capel ar y dechrau, nid oedd gennym drydan a gan fod Ifor yn gweithio yn y chwarel, rhaid oedd codi'n fore er mwyn iddo ddal y bws. Weithiau, cysgai'n hwyr. Rhaid oedd cynnau y tân a byddai'r tegell yn hir yn berwi. Ar ben hynny, roedd eisiau ffrïo'r wyau a'r bacwn. Byddai Ifor yn melltithio gan ei fod yn methu â chael hyd i'w esgidiau hoelion mawr — y plant fyddai wedi bod yn chwarae hefo nhw y noson cynt. Methu cael hyd i'w gap wedyn. Mae'n dda nad oedd pregethwr yn aros acw ar yr adegau hynny neu mi fuasai wedi clywed ambell i reg. Finnau yn fy ffwdan yn sathru cynffon y gath wrth baratoi'r tun bwyd a honno'n mewian dros y lle. I ffwrdd â fo dan lyncu ei fwyd heb ei gnoi a rhoi ras i lawr y llwybr bach gan edrych ar y bws yn mynd yn hamddenol braf i fyny Allt Tyddyn Corn. Bryd hynny, nid oedd ddim byd i wneud ond troi yn ôl am adref i ddisgwyl y bws nesaf ond roedd yn cael amser i gau carai ei esgidiau ac yfed paned arall o leiaf. I ffwrdd â fo am y bws ac os byddai wedi dod ato'i hun, cawn gusan fach ganddo.

Os byddai'n cyrraedd y chwarel wedi caniad, byddai yna hen dynnu coes.

"Wel, yr hen If," meddai Ezra. "Beth ddigwyddodd i ti golli y bws bore yma? Nel oedd yn cau codi?"

"Na," meddai Harri Jeff, "roedd Nel yn gofalu ei godi ddigon buan wedi bod yn potsio yn yr afon hyd byrfeddion y nos yr oedd o."

Byddai Harri'n agos i'w le gyda'r ergyd honno yn aml gan nad oedd afon Seiont ond rhyw led cae o Dŷ Capel. Byddai Ifor yn cael helfa dda o bysgod yno — ond roedd ganddo drwydded, cofiwch. Ni fuasai'n beth braf iawn iddo

69

gael ei ddal yn potsio, ac yntau yn gofalu am Dŷ Capel!

Yn y gaeaf pan oedd yr eira'n drwm methai'r bws a mynd ond at Groeslon Raca, a rhaid oedd i'r chwarelwyr gerdded drwy Ddeiniolen, (Llanbabo, wrth gwrs, oedd yr hen enw) ac i fyny Gallt y Foel. Eu gorchwyl cyntaf yn y chwarel oedd dechrau clirio'r eira. Roeddent yn gweithio'n galed am £1.13.9 yr wythnos ac yn gweithio'n gletach byth i gael cyfrif mawr bob mis. Yn aml iawn byddai Ifor a'r hogia'n mynd i helpu ar rai o ffermydd yr ardal. Byddai hynny yn fymryn o gymorth, oherwydd erbyn hynny roeddynt yn cael wythnos o wyliau o'r chwarel ym mis Awst.

Ym mis Mai, byddai cynhadledd flynyddol y chwarelwyr, sef Gŵyl Lafur a byddai pob chwarel ar gau. Deuai'r chwarelwyr a'u teuluoedd i'r Maes yng Nghaernarfon lle byddai bandiau pres yn arwain yr orymdaith drwy'r dref i'r hen bafiliwn. Byddai'r lle'n orlawn ac emyn y chwarelwyr yn atseinio dros y lle:

> O Arglwydd Dduw ragluniaeth
> Ac iechydwriaeth dyn
> Tydi sy'n Llywodraethu
> Y byd a'r nef ei hun
> Yn wyneb pob caledi
> Y sydd neu eto ddaw
> Dod gadarn gymorth inni
> I lechu yn dy law.

Ar ôl yr Ail Rhyfel Byd, penderfynwyd codi cofgolofn yn y chwarel er cof am fechgyn Caban Steam Mills a gollodd eu bywydau. Cynhaliwyd y gwasanaeth ar Fai 23, 1950. Bu'r gofgolofn yng Nghaban y Mills hyd nes caewyd y chwarel ac erbyn heddiw mae i'w gweld yn Llyfrgell Deiniolen.

Byddai Ifor yn hoff iawn o ganu a bu'n perthyn i lawer parti dros y blynyddoedd. Roedd yn perthyn i barti o'r chwarel oedd wedi bod yn ymarfer am beth amser i fod ar rhaglen radio, *Christmas around Britain* oedd yn cael ei ddarlledu o Chwarel Dinorwig ar ddydd Nadolig 1956. Y Garol oedd "Baban Mair" a'r arweinydd oedd Richard Powell o Ddeiniolen.

Bu raid cael bws a thacsi i'w cludo i'r chwarel ac wedi cael paned o de tramp a thipyn o *rum* ynddo, ymlaen â nhw i ganu. Pan ar ganol canu dyma hi'n storm o eira a buont yn lwcus i gyrraedd adref yn saff neu buasai wedi bod yn Nadolig go dlawd arnynt. Er hynny, roeddynt wedi canu'n ardderchog — mae'n sicr bod tipyn o *Rum* wedi gwneud lles iddynt, gan ei bod hi'n ddiwrnod oer iawn.

Y gofeb i'r bechgyn

Y chwarelwyr yn Ninorwig adeg gwasanaeth dadorchuddio'r gofeb

TEULU MAWR

Yn Ionawr 1957, ganwyd yr wythfed plentyn i ni sef bachgen arall. Fe'i bedyddiwyd yn Dylan Rhys gan y Parch. S. O. Tudor, gweinidog Moriah, Caernarfon.

Byddai yna lawer o weithgareddau yn digwydd yn Nazareth — y "Band of Hope", y Seiat, y Gymdeithas Lenyddol. Byddaf yn diolch ein bod wedi cael dwyn ein plant i fyny pan oedd cyfarfodydd fel hyn yn bod gan roi cyfle iddyn nhw i ddysgu a chymryd diddordeb mewn pethau. Cofiaf rai o'r plant yn cerdded at Griffith Parry, Hafod y Rhug a Tomos Henri, Y Garreg Fawr i ddysgu adrodd, ac yna byddwn yn cerdded gyda hwy i'r Eisteddfodau gan golli ac ennill bob yn ail.

Mae gen i gof hefyd o fynd â'r plant gyda bws i'r Allt Ddu, Dinorwig i weld Ifor wrthi gyda'i waith yn y chwarel. Eisteddai ar ryw flocyn tîn a sach oddi tano a'i goesau wedi'u croesi ar glwt. Roedd llechen yn gorffwys ar ei lin chwith a byddai'n mesur gyda phric â hoelen ar ei flaen ac yna'n hollti. Ceisiodd ddysgu'r plant beth oedd enwau'r llechi — Y *Queens, Prinsus, Dytchis, Counties* a'r *Ladies*. Gofynnodd un o'r hogia pam fod eisiau rhoi enwau'r teulu brenhinol arnynt a rheiny'n byw yn Llundain. Ateb Ifor oedd bod y llechi hynny yn mynd i bob rhan o'r byd i doi tai y byddigions a'r tlodion.

"Ond cofia," meddai wedyn, "tydi dy dad ddim yn cael yr un ddimai yn fwy am eu gwneud i'r byddigions chwaith, ac mae'r tlodion yn gorfod talu'r un pris amdanynt â'r byddigions."

Tua'r adeg honno y ganwyd y nawfed plentyn i ni — bachgen eto. Byddwn yn meddwl yn aml mai ewyllys Duw oedd hyn, sef rhodd o deulu mawr imi i wneud i fyny am yr unigrwydd yn fy mywyd i pan yn blentyn. Fel y dywed yr hen ddywediad, daw pob un ohonynt â rhywbeth i'w ganlyn. Roedd eisiau meddwl am enw eto a dyma Tomos Owen, Yr Erw heibio i edrych sut yr oeddwn. Roedd ef a'i wraig wedi bod yn sgwrsio ac am i ni alw'r bychan yn Gerallt Gymro.

Felly y bu a bedyddiwyd ef gan y Parch. Owen Lloyd, Brynrodyn. Ganwyd pob un o'r plant adref heb yr un meddyg, dim ond nyrs wrth law. Byddem yn hoffi mynd gyda hwy ar hyd yr hen lwybrau lle bûm i'n rhodio pan yn blentyn. Byddwn yn mynd â hwy i bob man — byth yn eu gadael adref ar eu pennau eu hunain. Byddwn yn teimlo weithiau fel rhyw hen hwyaden yn mynd â'i phen i fyny a chriw o hwyaid bach yn ei dilyn.

Pan oeddem yn Nhŷ Capel, byddai John Price, yr hen grwydryn, yn galw. Pwtyn bychan a chôt at ei draed oedd o a golwg ddigon blêr arno. Y peth cyntaf y byddai'n ei ofyn oedd a oedd gen i "sglyfath o rywbeth ga' i i'w fwyta heddiw?" Cofiaf rhyw brynhawn Sul pan oedd yn tywallt y glaw a dyna lle roedd y plant yn eistedd ar y soffa fawr wrth y ffenestr yn barod i fynd i'r Ysgol Sul. Dyma gnoc ar ddrws y cefn a phwy oedd yno ond John Price yn wlyb domen, ac yn dweud yr un hen gân am "sglyfath" ac ati.

"Dowch i mewn i'r *porch* o'r glaw," meddwn wrtho. Ond yn lle hynny dyma fo'n cerdded yn syth i'r gegin ac yn eistedd ar gadair wrth ochr y tân. Edrychai'r plant yn syn arno ond dyma fi'n gwneud paned a rhoi rhywbeth iddo i'w fwyta. Roedd Wyn yn digwydd bod yn eistedd wrth ei ymyl a dyma fo'n ymestyn a chyffwrdd yn ei esgid. Roedd yr hen dramp wedi cael esgidiau newydd, a dyma fo'n cynnig cic i Wyn, mwya' sydyn, gan ddweud, mi ellwch fentro: "Dos o'na sglyfath!" Os oedd y plant yn edrych yn syn pan ddaeth o i mewn, roeddynt wedi dychryn erbyn hynny ac er ei bod yn amser dechrau yr Ysgol Sul, nid oedd yr un ohonynt yn meiddio symud gan y buasai rhaid iddynt fynd heibio yr hen John ac efalle mai cic y buasent yn ei gael.

Ym mhen ychydig, gwelsom bod yr hen John wedi syrthio i gysgu gyda'i ddillad gwlyb yn mygu yng ngwres y tân. Codai'r arogl dros y lle ac roedd pob un ohonom â'n dwylo ar ein trwynau. Cysgodd felly am dros awr gan neidio i fyny yn sydyn gan wedi gweiddi "Sglyfath, lle ydw i?" allan â fo heb gymaint â dweud diolch. Ond roeddem wedi arfer gydag o. Dywedai'r plant y buasai'n well ganddynt fod yn yr Ysgol Sul am ddwy awr nag yn eistedd yn y fan honno yn ofni dweud gair a bron yn mygu hefo'r arogl. Cofiaf i mi ddweud yr hanes wrth Tomos Owen, Yr Erw gan egluro pam nad oedd y plant yn yr Ysgol Sul y pnawn hwnnw. Adroddodd yntau fel y byddai John Price yn galw yno a Mrs Owen yn rhoi ŵy wedi ferwi iddo. Yntau yn ei wrthod gan ddweud: "Beth wn i prun ai ŵy da neu ŵy drwg ydi o."

Rhyw dro arall, galwodd yr hen John heibio gan gario un esgid yn ei law.

"Beth sydd, John Price?" holais.

"Sglyfath o beth ar y droed yma."

Lwcus bod y plant yn yr ysgol a dyma fi'n galw ar Grace Wyn i ddod â dysgl ddŵr cynnes ac ychydig o ddisinfectant yno. A dweud y gwir, nid oedd gennym ddim syniad beth i'w wneud. Rhoesom yr hen dramp i eistedd ar garreg y drws a dyma finnau'n ceisio gafael ar ei ddwy ysgwydd. Wedi sylwi roedd ganddo anferth o friw ar ei droed a dyma Grace Wyn yn ceisio'i rhoi yn y dŵr. Prin i'w droed gyffwrdd y dŵr cyn i'r hen John roi anferth o gic i'r ddysgl nes bod y dŵr dros Grace a honno'n wlyb domen. Dyma geisio rhoi tamaid o glwt arno, ond methiant fu hynny hefyd. Cawsom hyd i ddarn o hen esgid Ifor, a dyma geisio rhoi honno ar ei droed wedyn, ond gafaelodd ynddi a cherddodd i ffwrdd hebddi dan weiddi a rhegi. Ond gwelsom ef wedyn, ac mae'n rhaid bod y briw wedi gwella — rhyw greadur fel yna oedd o, ynte?

Dosbarth Ysgol Sul John William Jones

JOHN JONES YN ATGYFODI

Gan mai John William Jones oedd yr unig un oedd ar ôl o'r hen flaenoriaid pan ddaethom yn ôl i Nazareth, hoffwn sôn ychydig amdano. Daeth i fyw i Dŷ Slaters pan yn unarddeg oed gyda'i rieni a'i frawd, William Morgan, o Helfa Fain. Tyddyn ar ochr yr Wyddfa oedd Helfa Fain. Bu'n flaenor ac yn godwr canu am flynyddoedd yn Nazareth. Roedd cerddor gwych arall yn Nazareth, sef Harri Roberts (Harri Cae Main) oedd yn arweinydd corau. Roedd sôn am gôr Harri Bach led-led y wlad. Ond fiw i Harri feddwl am fynd i sêt yr organ i godi canu yn lle John, er eu bod yn gyfeillion mawr. Byddai John yn bresennol gyda'i 'pitchfork' a'i het bowler ddu bob amser.

Clywais y byddai'n gwneud i'r saint wenu yn ddi-baid mewn cyfarfodydd misol. Bechod na fuasai yna fwy o rai tebyg iddo heddiw ynte? Ni fedraf i wneud hefo pobl sych-dduwiol sydd yn meddwl eu bod yn fwy o Gristnogion na'u cymdogion. Nid oes ryfedd bod ein capeli ni mor wag.

Hen lanc fu John am flynyddoedd, ond dechreuodd garu ar y slei gydag Annie Mary, y Felinwen. Roedd hithau'n hen ferch ac mi briododd y ddau'n ddistaw yng nghapel Pen-y-Graig, Llanfaglan. Aeth rhai misoedd heibio ac nid oedd yr hen John yn edrych yn dda iawn. Bedth oedd i ddisgwyl, ynte, gyda'i fywyd wedi newid ym mhob agwedd ar ôl cael gwraig. Roedd yr hen Annie wedi gwirioni, ond roeddynt yn dal i ddŵad i'r capel yn selog.

Rwy'n cofio Now Kent yn adrodd yr hanesyn hwn wrthyf. Roedd o a Doris yn y gwely heb godi, a hithau'n dechrau goleuo. Clywsant sŵn clocsiau yn dod at y tŷ ac wedi agor y ffenest, pwy oedd yna ond Annie Felinwen gyda golwg gynhyrfus arni.

"Now Bach, dowch acw," meddai. "Dwi'n sicr bod John druan wedi marw."

Wedi hanner gwisgo amdano neidiodd Now ar gefn ei feic; gan feddwl y buasai wedi dal Annie ar y ffordd, ond nid oedd olwg ohoni. Cyrraedd Felinwen, aeth i mewn ac fel yr oedd Now yn agor y drws, clywai lais yn galw,

"Annie, Annie!"

Dyna lle roedd yr hen John, un llaw ar y llawr a'i goesau i fyny, bron â disgyn o'r gwely a hwnnw yn wely go uchel. Ceisiodd Now ei godi i'r gwely a bu'n ymdrech galed gan fod yr hen John yn ddyn go drwm. Llwyddodd yn y diwedd a phwy ddaeth drwy y drws ond Annie.

"Gwnewch baned o de i John ar unwaith a diferyn o wisgi ynddo," gwaeddodd Now.

"Pam?" meddai hithau. "Pam ei fod o eisiau paned ac yntau wedi marw. Oni fuasai'n well i ni anfon am y saer?"

"Marw wir," meddai Now. "Bron â disgyn o'i wely yr oedd o pan gyrhaeddais i yma."

Gwnaeth Annie y te'n reit sydyn.

"O, John bach," meddai, "a finna'n meddwl eich bod wedi marw cofiwch."

Cysgodd yr hen John yn braf ar ôl y te a'r wisgi. Yna

cafodd Now gyfle i holi Annie lle roedd wedi bod.

"Cerdded ymlaen am Pont-rug wnes i a disgwyl i chi fynd i'r tŷ yn gyntaf a phwy ddaeth ond Dafydd Jones hefo'r bws chwarel yn mynd i Gilfach Ddu. Dyma fo'n stopio. 'Bobol bach, Annie' meddai, 'lle rydych yn mynd more fore?' 'O, John druan sydd wedi mynd', meddwn innau. 'Mynd i lle?' holodd Dafydd. 'Wedi marw, Dafydd bach', atebais. 'Mae Now Kent acw rŵan.' 'Adre â chi. Mi alwaf yn nes ymlaen.' A dyna sut yr aeth y stori ar led bod yr hen John druan wedi marw er mai dim ond wedi disgyn o'i wely yr oedd o. Bu fyw yr hen John am beth amser wedyn gan ddal i godi'r canu gyda'i 'pitchfork'.

*Tîm Llanrug gydag Ifor yn y rhes flaen,
y pella ar yr ochr dde*

GADAEL Y NYTH

Roedd Ifor yn chwaraewr ffwtbol pur dda er yn ieuanc ac yn aelod o dîm ffwtbol Llanrug am beth amser, fel y gwelwch, dyma lun o'r tîm pan oedd Ifor tua 20 oed. Tîm ffwtbol Bangor fyddai o a'r hogia yn ei gefnogi. Rwy'n cofio, pan oeddem yn Nhŷ Capel, fel y byddem yn cerdded i Griffith Crossing i ddal y bws i Fangor, yn enwedig os byddai rhyw dîm go bwysig yn chwarae yno.

Un tro, roedd Bangor yn chwarae yn Barrow ac rwy'n ein cofio ni'n mynd gyda thrip arbennig o Fangor gyda'r hogia wrth eu boddau. Ond ar y ffordd, y tu allan i Warrington cawsom ein dal yn y twnel, ac roedd yr hen hogiau'n dechrau aflonyddu — yn enwedig y rhai lleiaf oedd ag ofn, braidd. Dyma rai o'r cefnogwyr yn dechrau canu 'Hen feic penni ffarthing' a 'Defaid William Morgan'. Aeth yr amser yn weddol fuan ar ôl hynny. Gellwch fentro, pan gyrhaeddodd y trên orsaf Barrow roedd hi'n ras am y cae ffwtbol fel petai'r byd ar ben. Cafodd Dylan, Gerallt a finnau ein gadael ar y clwt, ond aethom am ffidan go lew ac yna o amgylch y siopau. Roedd Ifor a'r lleill wedi colli'u pennau'n lân efo'r gêm.

Roedd Grace Wyn a Gwenno yn gweithio yng Nghaernarfon ond, yn sydyn, penderfynodd y ddwy fynd i Lundain i weithio. Aeth Grace Wyn yn nani at deulu yn Kingston-on-Thames ac aeth Gwenno at Syr a Lady David Hughes Parry. Roeddynt hwy'n aelodau yn Eglwys Clapham Junction a byddai Gwenno yn cael mynd gyda hwy i'r moddion. Yr oedd Ysgol Sul Gymraeg yn Kingston-on-Thames a byddai'r ddwy wrth eu boddau yn mynd yno gan gyfarfod â'r Cymry.

Tra oeddynt hwy yn Llundain, daeth yn amser i Alun droi allan. Roedd ganddo lawer i'w ddweud wrth ffermio, ac i ddechrau aeth at Mrs Roberts a'r teulu yn Nhyddyn Rhyddid, Llanrug. Rwy'n cofio fel y byddai'n cychwyn hefo'i feic ond ni fu yno yn hir iawn oherwydd daeth yr haint "Foot a Mouth" yno a bu raid difa'r anifeiliaid. Nid oedd angen Alun yno mwyach. Penderfynodd Alun fynd i Goleg Glynllifon am flwyddyn. Roedd wrth ei fodd yno, a buan iawn yr aeth y flwyddyn heibio. Bu'n ffodus gael ei gadw yno i ddechrau fel hwsmon cynorthwyol. Yn ystod yr amser hwnnw roedd wedi cyfarfod â Megan, merch Hen Gastell, Llanwnda. Gwawriodd diwrnod y briodas yng Nghapel Saron ac aethant i fyw i Dŷ Fferm, Glynllifon. Byddai Ifor a minnau a'r plant wrth ein boddau yn cael mynd yno. Byddem yn crwydro llawer drwy goed y plas, ym mhen amser, ganwyd dau fab iddynt, sef Curig ac Arwel. Dros y blynyddoedd, gwelodd Alun lawer o newid, er gwell yn y coleg. Erbyn heddiw, daeth ei freuddwyd yn wir ac mae newydd gael ei godi yn reolwr fferm ac, wrth gwrs, mae o a Megan a'r teulu wedi symud i fyw i'r Grand Lodge, Glynllifon. Mi fuasai gan ei dad lawer i'w ddweud heddiw.

* * * *

Erbyn hyn, roedd Grace Wyn wedi cael digon ar y ddinas fawr. Penderfynodd ddod yn ôl i Gymru ac aeth y nyrsio i Ysbyty Eryri. Wedi cyfnod yno, cyfarfu â John Michael Jones o Lanrug. Roedd o a'i frawd Gwilym mewn busnes gwneud cerrig beddi yn Llanrug. Bu priodas arall yn y teulu ac aethant i fyw i Bryn Fedwen, Llanrug. Nid oedd John yn hitio fawr am ffwtbol — miwsig oedd ei ddiddordeb o. Bu'n canu'r organ yng Nghapel Mawr Llanrug am flynyddoedd. Ganwyd iddynt hwythau dri o blant, Sion Wyn, Sioned Wyn a Gwyn Antur.

*   *   *   *

Aeth Ronwen i Glynllifon am ychydig, ond roedd Gwenno yn dal i fod yn Llundain. Ym mhen dipyn, perswadiodd Ronwen i fynd yno i weithio. Yn ei thro, cafodd Gwenno ddigon ar y ddinas fawr â ninnau'n meddwl y buasai hi'n dychwelyd i Gymru. Ond na, roedd hi wedi rhoi ei bryd ar weld mwy ar y byd. Penderfynodd fynd i America. Aeth fel nani i Galifornia i ddechrau, ac oddi yno i Malibu. Byddai'n mynychu'r capel Cymraeg yn Los Angeles, ac yn cyfarfod llawer o Gymru yno. Bob tro y byddai'r diweddar John Williams Hughes, Marian Glas yn digwydd bod yn agos at Los Angeles, tra oedd wrth ei waith yn America, byddai'n galw i edrych am Gwenno. Pan ddeuai adref, byddai ef a'i fam yn dod i Dŷ Capel i ddweud yr hanes.

Tra bu Ronwen yn Llundain, roedd hithau wedi cyfarfod â bachgen o Ohio, sef Robert Corey oedd yn yr Awyrlu Americanaidd yn Llundain. Penderfynu priodi wnaethant hwythau a hynny a fu yn Eglwys Glanrhyd, Llanwnda. Maent wedi symud llawer ar draws Ewrop ac America ers hynny. Mae Bob wedi ymddiswyddo o'r Awyrlu erbyn hyn ac wedi cartrefu yn Virginia. Un ferch sydd ganddynt hwy sef Elaine Ann.

*   *   *   *

Roedd Wyn wedi dechrau gweithio erbyn hyn. Cafodd ei brentisio yn Woolworth, Bangor ac wedyn ei symud i Woolworth, Caernarfon. Nid oedd yn hapus iawn yno, oherwydd os byddai rhywun wedi cael ei ddal yn dwyn, Wyn druan fyddai'n gorfod mynd i'r cwrt. Yn ôl y ffordd yr oedd yn cael ei holi, buasech yn meddwl mai ef oedd y lleidr. Penderfynodd adael a bu'n lwcus o gael gwaith yn siop Williams a Lewis, Bangor.

Pan fyddai tîm ffwtbol Bangor yn chwarae adref, byddai amryw o'r chwarelwyr yn galw yn y siop i weld Wyn. Prynodd gar a byddai wrth ei fodd yn mynd â ni i bob rhan o Gymru a Lloegr.

Y nesaf i adael yr ysgol oedd Ifer a'i fwriad yntau oedd mynd i weithio ar fferm. Cafodd le gyda Frank Griffiths ac Elsie ei chwaer, yn Crug, Llanfairisgaer. Hen deulu y Bryn oeddynt. Cadwent bedwar gwas a dwy forwyn — Owen Huws, Tyddyn Hen oedd yr Hwsmon ar y pryd, Griffith Williams o Griffith Crossing oedd y gwas arall a Richard Evans oedd y bugail. Roeddynt yn dal llawer o dir ar ochr yr Wyddfa lle trigai Richard Evans a'r teulu mewn bwthyn. Katie Morris o Penrhos, Bethel oedd yr howscipar ac Olwen o Sir Fôn oedd y forwyn. Bydda Ifer yn cael mynd i helpu Richard Evans gyda'r defaid ar yr Wyddfa, ac roedd wrth ei fodd.

Bu Ifer yn hapus iawn yno am ddwy flynedd, ond mwya'r piti bu farw Frank Griffiths yn bur sydyn. Penderfynodd Elsie nad oedd yn bwriadu cario ymlaen gyda holl waith y fferm. Nid oedd angen Ifer yno mwyach, ond cafodd Elsie waith iddo gyda Trefor Brymer, Meifod, Bontnewydd. Roedd gan Trefor Bymer nifer o ddiddordebau eraill heblaw ffermio, ac felly Ifer fyddai'n gorfod gofalu am y rhan fwyaf o waith y fferm. Roedd wrth ei fodd yno a byddai'r hogiau'n mynd yno adeg y cynhaeaf i helpu.

SYMUD I BETHEL

Erbyn hyn, roedd Ifor wedi gorfod rhoi'r gorau i weithio yn y chwarel oherwydd llwch y llechan. Bu'n gweithio yno am dri deg wyth o flynyddoedd. Bu raid iddo fynd i ysbyty Llangwyfan am beth amser, ond cafodd ddod adref wedi gwella'n weddol. Yn ystod yr amser hwnnw, daeth Gwenno adref am wyliau o Galifornia ac roedd wedi dychryn o weld y plant wedi tyfu. Cawsom amser difyr yn mynd o amgylch i weld y teulu a hen ffrindia gyda hi. Nid aeth yn ôl i Galifornia — roedd wedi cael gwaith fel nani yn Efrog Newydd y tro yma.

Roedd Gwladys, Bron Saint yn cadw ymwelwyr, ac awgrymodd wrthyf innau am wneud yr un peth. Dyma ddechrau arni — os oeddwn wedi arfer cadw pregethwrs ac wedi magu llond tŷ o deulu, siawns na allwn gadw ymwelwyr. Cefais hwyl arni, er ei bod yn waith caled cario dŵr o'r ffynnon. Nid oedd dim sôn am beiriant golchi a dyna lle y byddwn i, ar ôl gwneud llond eu boliau o frecwast iddynt, wrthi uwchben y twb golchi. Roeddwn yn lwcus os byddai'r tywydd yn braf i sychu ac wedyn rhaid oedd smwddio — gwaith na fedra i ddim dioddef ei wneud. Ond roedd yr ymwelwyr yn dod yn eu holau flwyddyn ar ôl bwlyddyn, ac ymhen sbel byddwn yn gwneud cinio nos hefyd gan ofalu eu bod yn cael bwyd iawn. Cofiwch mai dim ond 10/6 yr oeddwn yn ei gael ar y dechrau, ond hefo cinio nos, codais y pris i bymtheg swllt. Er hynny, byddwn yn cael tips, ac roeddent yn cofio am y plant. Roedd yn help hefo'r titw pres yswiriant y byddem yn ei gael. Nid canmol yr ydw i, ond byddent yn dod yma o bob rhan o'r byd, wrth eu boddau yn gwrando arnom yn siarad Cymraeg.

*   *   *   *

Erbyn hyn, roedd llawer o hen deuluoedd yr ardal wedi mynd ac nid oedd llawer o lewyrch ar oedfaon. Rwy'n cofio yr hen John Jones, Felinwen yn dweud wrthyf un tro.

"Wyddost ti, Nel, y fi ydi'r diwethaf o'r hen griw ac mi gei di weld fydd capel Nazareth ddim yr un fath ar ôl i mi gau fy llygaid.''

Ymhen ychydig ar ôl hynny, galwodd Alwyn Kent acw i dorri'r newydd bod yr hen fachgen wedi'n gadael. Na, ni fu'r capel byth yr un fath ar ôl i sŵn y 'pitchfork' dawelu am byth.

Gan nad oedd ond ychydig iawn o aelodau ar ôl penderfynodd y Cyfarfod Misol mai cau'r capel fyddai orau. Felly y bu. Bu raid i hen deulu Capel Lôn Glai ffarwelio â hen ardal Pont-rug wedi bod yno am yr ail dro am ugain mlynedd. Symud i stad Cremlyn, Bethel y tro hwn. Lle braf iawn yn wynebu'r mynyddoedd a hen chwarel Dinorwig. Penderfynu galw ein cartref newydd yn Awel-y-Grug.

Penderfynodd Gwenno ddod adref a chyn y Nadolig aethom i Southampton i'w chyfarfod. Dyma i chi olygfa fendigedig oedd gweld y llong yn nesu'n araf at y porthladd a'r teithwyr yn chwifio eu dwylo ar ei bwrdd. Gwelsom Gwenno yn eu mysg — dyna falch oeddem o'i chyfarfod unwaith eto. Roedd wedi dod â rhyw drwnc mawr efo hi, a dyna ninnau'n meddwl ei bod wedi dod adref i aros. Cawsom Nadolig ardderchog gyda'r teulu i gyd yn ymuno â ni, ond eto roedd rhyw don o hiraeth yn codi wrth feddwl ein bod wedi gadael hen ardal oedd mor annwyl gennym.

Penderfynu dychwelyd a wnaeth Gwenno — i Colorado y tro hwn. Ym mhen amser, cyfarfu â Howard a phriododd y ddau gan fynd i fyw i Paso Robles, California. Mae ganddynt hwythau un mab, sef Paul Meredydd, ac maent yn byw erbyn hyn yn San Antonio, Texas.

*   *   *   *

Bellach roedd John Ian wedi gadael y Coleg Normal ym Mangor ac wedi derbyn swydd fel athro yn Ysgol Syr Hugh Owen, Caernarfon. Cyfarfu yntau â Liz, merch Robert a Margaret Michael, Llain-yr-ardd, Bethel a gwawriodd dydd y briodas yn Eglwys y Cysegr, Bethel. Aethant i fyw i Llanwnda i ddechrau ac wedi bod yno am ychydig, penderfynu symud i Drem Arfon, Rhos Isa. Yno y ganwyd Elen Wyn. Roeddynt yn aelodau yn y capel bach yno a chawsant lawer o hwyl wrth actio mewn dramâu. Er mai eglwys gweddol fechan oedd, synnais fod cymaint o lafur cariad yno. Prynodd John ychydig o dir yn ymyl i gadw defaid a chofiaf Ifor yn dweud fod gwaed y tir a'r anifeiliaid yn John yma eto.

*   *   *   *

Nid oedd Wyn wedi bod yn dda iawn ei iechyd ac wedi cael archwiliad gan y llawfeddyg yn ysbyty Bangor. Daeth at Ifor a minnau gan dorri'r newydd drwg i ni. Roedd rhaid iddo gael llawdriniaeth ar unwaith gan ei fod yn dioddef o'r cancr. Nid oedd yr un ohonom yn gwybod beth i'w ddweud, ond cefais i nerth i adrodd y geiriau: "Diolch yr ydym ac yn ei roi yn eich dwylo chi gan obeithio y cewch nerth oddi fry i wneud eich gwaith."

Daeth Wyn drwy'r driniaeth yn foddhaol iawn ac ni fu yn hir cyn dod adref. Roedd yn gymeriad dewr iawn, ac erbyn hyn roedd wedi cyfarfod â Rene oedd yn nyrsio yng Nghonwy ac yn enedigol o Widnes. Priododd y ddau yn Eglwys Sant Paul, Bae Colwyn a gwnaethant eu cartref ym Morfa, Conwy. Roeddynt yn wirioneddol hapus, a dechreuodd Wyn weithio ym Mochdre.

COLLI A CHAEL

Erbyn hyn roedd Dylan Rhys a Gerallt wedi gadael yr ysgol — Dylan wedi dechrau gweithio yn Swyddfa'r Undeb yng Nghaernarfon a Gerallt gyda Chyngor Arfon. Nid oedd raid i mi deimlo fel rhyw hwyaden falch yn mynd â'i phen i fyny a haid o hwyaid bach yn ei dilyn bellach. Cawsom brofiad hapus iawn wrth eu gweld yn tyfu i fyny o fabandod i fod yn ferched a meibion ieuanc. Mae gennym lawer o le i ddiolch i'r Brenin Mawr fod y naw wedi cael eu geni heb unrhyw anhwylder arnynt.

Bu Ifor yn Ysbyty Abergele a Bryn Seiont yn ystod y blynyddoedd hyn, ond pan fyddai'n teimlo'n weddol, bob haf byddem yn mynd i Gaerdydd gyda'r bws o'r Maes, Caernarfon gyda Tomos y ci gyda ni i aros at Iwan a Margaret a Menna a Trystan y plant. Byddem wrth ein boddau yn mynd i Gastell Caerdydd ac, wrth gwrs, rhaid oedd ymweld â Sain Ffagan. Dyna falch oeddem o weld y Garreg Fawr, Waunfawr yno oherwydd bûm yn y Garreg Fawr lawer tro pan oeddwn yn aros gyda'r teulu yn Ystrad Isa.

* * * *

Tua mis Medi 1976, nid oedd Wyn yn teimlo'n dda iawn ei iechyd eto ac anfonwyd ef i Ysbyty Llandudno lle y cafodd lawdriniaeth arall. Cafodd y gofal gorau yno, a byddai gwên ar ei wyneb bob amser. Bu'r Parch W. R. Williams (mab Charles Williams a oedd yn weinidog yn Bethel bellach) yn hynod o garedig gyda Wyn a ninnau. Byddai'n mynd i Landudno bob wythnos i ymweld ag ef a byddai'r ddau yn cael sgwrs ddifyr a llawer o hwyl. Gellwch fentro fod W. R. yn mynd drwy'i bethau fel ei dad, ond ychydig cyn y Nadolig, symudwyd Wyn i Gartref High Pastures, Deganwy. Cafodd bob chware teg yno hefyd. Rwy'n cofio ein bod i gyd wedi mynd yno ar ddiwrnod Nadolig, a dyna lle'r oeddem o amgylch y gwely a Wyn yn dangos oriawr oedd wedi gael gan Rene. Ni fuasai neb byth yn meddwl ei fod yn dioddef. Aeth y Nadolig heibio a gwawriodd y flwyddyn newydd ac ar yr wythfed o Ionawr, collasom gwmni Wyn ac yntau ond 31 mlwydd oed.

* * * *

Roedd Gerallt wedi cyfarfod â Sian o Bontnewydd. Cofiaf fel y byddai'r ddau yn dod i Bethel — Sian braidd yn swil ar y dechrau, ond ym mhen amser, daeth fel un o'r teulu. Roedd yn gweithio yn Swyddfa'r Herald ar y Maes. Priodwyd y ddau yn Eglwys Sant Gwyndaf, ac aethant i fyw i Landdwyn, Groeslon. Bu Sian yn gweithio wedyn am beth amser yn Swyddfa Newydd yr Herald ond ym mhen amser ganwyd merch fach iddynt, sef Angharad Wyn. Erbyn hyn, mae ganddynt fab bach, sef Dafydd Wyn. Ydi, mae'r teulu'n mynd yn fwy o hyd.

* * * *

Roedd Ifer yn dal i fod ym Meifod ac erbyn hyn roedd yntau yn canlyn Dilys Ann, merch Lodge Tyddyn Elan, Bontnewydd. Yn toedd yna fynd ar genod Bontnewydd!

Roedd Mr Brymer wedi penderfynu torri i lawr ar y ffermio a gwerthwyd llawer o'r anifeiliaid. Gwerthwyd y tŷ hefyd, a phwy oedd y prynwyr, ond John Ian a Liz. Yr oedd Meifod yn lle braf iawn a bu John a Liz yn gweithio'n galed iawn er mwyn cael y lle i drefn. Ganwyd merch fach arall iddynt yno, sef Medi Wyn — chwaer i Elen Wyn a anwyd yn Rhos Isa.

Daliai Ifer i weithio yno a chyn hir priododd yntau â Dilys Ann yng nghapel Siloam, Bontnewydd. Gweinyddwyd gan y Parch. W. R. Williams ac aethant i fyw i Awelfor, Groeslon. Ym mhen ychydig, daeth diwrnod i Ifer ffarwelio â fferm Meifod, wedi bod yno bron am ugain mlynedd. Ond bu'n ffodus — cafodd waith ar ei union ar fferm y Wern Olau, heb fod ymhell o'r Groeslon. Mae wrth ei fodd yno, ac erbyn hyn mae ganddynt hwythau ddwy ferch fach: Eleri Ann a Catrin Ann.

* * * *

Byddai Ifor yn mynd allan gyda Tomos y ci bach bron bob dydd os byddai'r tywydd yn caniatau, er bod ei wynt i'w weld yn byrhau ers tro. Byddai'n edrych ymlaen am ddydd Gwener i fynd i'r dre i bostio ei gwpon ffwtbol, er nad enillodd fawr erioed. Byddai'n cyfarfod â rhai o'i gydweithwyr yn y chwarel ers llawer dydd a byddai ganddo ryw stori newydd i'w dweud pan ddeuai adref.

Bu'n rhaid iddo fynd i Ysbyty Gwynedd am ychydig ond gartref roedd o eisiau dod. Ni chawsom fynd ar ein gwyliau i Gaerdydd wedi hynny, ond cawsom ddathlu ein priodas aur. Roedd y plant a'n ffrindiau wedi paratoi gwledd i ni yng ngwesty'r Ranch, Llanystumdwy. Derbyniasom lawer o gardiau ac anrhegion ond, wrth gwrs, roedd un lle gwag, sef Wyn. Daeth Rene yno ac roeddem mor falch o'i gweld a finnau yn dweud wrthi'n sicr bod Wyn yn gwenu y noson honno. Noson i lawenhau oedd hi a dyna fuasai ei ddymuniad. Roedd Mari Lewis yr Herald a John Ellis, Tegfan, Rhos Isa wedi ysgrifennu penillion i ni.

Fe glywodd Ifor am fodan ddel,
Yn byw yn Lôn Glai o'r enw Nel,
A'r cam nesa oedd priodi'r ddau
Yng nghapel Seilo'n nhri deg dau.

Draw yn y chwarel i fyny'r cwm
Enillodd Ifor ei damaid llwm
I gadw Nel a'r teulu i gyd
Ar aelwyd hapus a hefyd glyd.

Ein Priodas Aur

Gofal y plant a lenwai ei bywyd
Ond o'r diwedd daeth amser i symud
Crwydro er hynny bu'r ddau yn fodlon
Er eu bod yn awr bron yn oedolion.

Mynd wnaeth Nel i wlad y Regan
Er na fu erioed yn hedfan
Yno gwelodd ryfeddodau
Fel y dengys yr holl luniau.

Un o wendidau yr hen Ifor
Yw tîm ffwtbol Dinas Bangor
Ac mae'n treulio llawer Sul
Yng nghoed y Plas a'r llwybrau cul.

Cefnogai Taid yr hen Feical Foot
Ond pechodd llafur Nain yn bwt,
Troi ei lliw a wnaeth, a phob dydd
Gobeithio mae am Gymru Rydd.

Ac yn awr mae'n rhaid terfynu
A dymuno fel un teulu
Llongyfarchiadau gan bawb rwy'n siwr
I Nel ac Ifor am lawer mwy.

John Ellis

Siriol fo'ch priodas euraidd — y siwgwr
A'r seigiau yn beraidd;
Oblegid mwy poblogaidd
Ydych chwi na'n brenin braidd.

Yn bwyllog rhodiwch bellach — byw yn dda
Byw'n ddoeth a dirwgnach,
Byw'n uchel a byw'n iachach,
Yn yr un bonc â'r ŵyn bach.

Mari Lewis, yr Herald

Roedd honno'n noson na wnawn byth ei anghofio ac mae gennym lawer iawn o le i ddiolch i feddwl bod Ifor a finnau wedi cyd-deithio â'n gilydd am hanner canrif. Cofiwch nad oedd y daith yn aur i gyd. Yn aml iawn nid oeddem yn cyd-weld â'n gilydd am amryw bethau. Ar yr adegau hynny, byddai'r gwaed yn dechrau cynhyrfu a'r storm yn crynhoi. Ond daliodd y CARIAD yr un mor gadarn ag erioed, a deuai hynny â'r llawenydd yn ôl i'n calonnau cyn machlud haul y dydd. Fedra i ddim peidio meddwl nad oes llawer i gartref wedi cael yr un profiad: 'CARIAD byth ni chwymp ymaith. . .yr awr hon mae yn aros, Ffydd, Gobaith, Cariad, a'r mwyaf o'r rhai hyn yw CARIAD.''

YN Y GORS

Byddwn yn arfer mynd i'r Ysgol Sul i'r cysegr, ond rwy'n cofio un prynhawn Sul braf a finnau'n penderfynu mynd am dro hefo Tomos y ci. Aethom ar hyd y llwybr cyhoeddus i ffordd yr Erw Fforch a phan oeddem ar gychwyn, dyma un o aelodau'r Cysegr yn dod.

"Esgeuluso'r Ysgol Sul heddiw?" meddai.

"Wel, ia," meddwn innau, "fydd yna ddim llawer o golled i neb."

Ac yn ein blaen â ni nes cyrraedd y gamfa i fynd i'r cae arall. beth oedd yn ein hwynebu yn fan honno ond anferth o darw mawr. "Wel," meddwn i wrth Tomos, "gwell i ni beidio â mentro i'r cae, ond gan ein bod wedi dod cyn belled, mi awn ni ar draws y gors."

Wedi cerdded dipyn, roeddwn yn clywed fy hun yn mynd i lawr ac i lawr nes fy mod dros fy mhen a glinia yn y gors. Roedd yr hen Tomos wedi bod yn gallach na fi. Gwelodd garreg yn ymyl, a neidiodd arni. Drwy ryw lwc, roedd y tennyn oedd yn rhwym wrth ei goler yn fy llaw ac mi fedrais gael fy nhraed yn rhydd a gadael fy esgidiau a fy sannau yn y donnen. Llusgais drwy ganol y mwd at Tomos. Nid oedd fferm Llwyn Bedw ymhell iawn er bod rhaid mynd dros rhyw glawdd. Bu honno'n ymdrech galed gan fy mod yn droednoeth a fy nillad yn fwd i gyd, ond llwyddais i gyrraedd yn y diwedd. Daeth Beti i'r drws:

"Be gythral sydd wedi digwydd i chi? gofynnodd. "Dowch i mewn. Tynnwch amdanoch y funud yma ac ewch i'r bath. Y chi a Tomos."

Ac felly y bu. Roedd Beti yn ceisio cael hyd i rywbeth i mi ei roi amdanaf ac am fy nhraed. Cefais baned o de poeth a diferyn o frandi ynddo, ac ar ôl i mi ddod ataf fy hun, dyma fi'n adrodd yr hanes wrthi.

"Rydych yn lwcus nad aethoch o'r golwg," meddai.

Danfonodd ni adref yn y car. Diolch am rai yr un fath â Beti ynte — tydi cymwynas yn costio dim i rai felly.

Penderfynais fynd i'r oedfa nos i'r Cysegr, er fy mod wedi

cael tipyn o fraw yn y gors y prynhawn Sul hwnnw. Wrth gyd-gerdded â'r cyfaill a welais pan ar gychwyn ar fy nhaith, tynnodd ef fy nghoes:

"Wyddoch chwi," meddai o, "mi gawsom ni Ysgol Sul dda heddiw."

"Na hitiwch," atebais innau, "os nad oeddwn yn yr Ysgol Sul heddiw, roedd y Brenin Mawr gyda ni pan syrthiais i'r donnen yn y gors a chyda Beti Llwyn Bedw hefyd pan roddodd help llaw i ni." Cafodd yr hen gyfaill dipyn o fraw ei hun pan adroddais yr hanes wrtho.

*   *   *   *

Byddai y Parch. W. R. Williams yn galw heibio yn aml a chyn eistedd byddai bob amser yn cyfarch Ifor.

"Wel, sut hwyl heddiw Ifor Jones?"

"O, rwyf yn teimlo yn bur dda, ond bod y gwynt yn mynd yn fyrrach, Willias bach," fyddai ei ateb yntau. Ymlaen yr âi'r sgwrs, ac un tro ar ôl paned, cododd W. R. yn sydyn.

"Bobol bach, rhaid i mi fynd rŵan," meddai, "neu mi fydd y misus acw'n methu dallt lle rydw i wedi mynd. Mi'ch gwelaf chi eto, Ifor Jones."

Ond nid oedd yna ddim 'gwelai chi eto Ifor Jones i fod y tro hwnnw'. Bu Ifor farw yn dawel a disymwth ar y nawfed o Fehefin yn 1985 a hynny wedi chwarter canrif o ddioddef effaith llwch y graig.

Gwyddai Ifor beth oedd awel y mynydd pan yn y chwarel ac mewn llawer i oedfa a chymanfa ganu y mwynhaodd yr emyn 'Yr Awel o Galfaria Fryn'.

Ym mhen rhyw chwech wythnos ar ôl ffarwelio ag Ifor, rhaid oedd wynebu storm arall, sef ffarwelio â John Michael, y mab-yng-nghyfraith yn 55 mlwydd oed. Roedd ffarwelio â John yn golled fawr i'r teulu a'i ffrindiau. Byddai bob amser yn barod ei gymwynas i helpu eraill ac roedd yn un a welai'r gorau mewn pobl.

Bûm yn byw ym Methel am dros ddeunaw mlynedd a buom yn hapus iawn yno yng nghanol gweithgareddau'r ardal, y Cysegr, Sefydliad y Merched ac, ym mhen amser, Merched y Wawr. Cofiaf mai Mair Price oedd ein llywydd cyntaf, a chefais y fraint o roi sgwrs ar y noson gyntaf yr agorwyd y gangen. Ardal Pont-rug a Lôn Glai oedd fy nhestun ac roeddwn yn teimlo yn gynhyrfus iawn ar y dechrau. Cefais nerth i gario ymlaen ac ar ôl hynny byddwn yn cael gwahoddiad i sgwrsio yma ac acw mewn cyfarfodydd o'r fath.

WAUNFAWR

Gyda threigl y misoedd, roeddem wedi bod yn trafod y buasai newid awyrgylch yn lles i ni. Penderfynodd Dylan Rhys brynu tŷ yn y Waunfawr. Rhyw bythefnos cyn y Nadolig, bu farw Tomos y ci bach ac rwy'n sicr ei fod yntau wedi hiraethu ar ôl Ifor fel ninnau. Er nad oeddem wedi symud i'r Waunfawr, fedrwn i ddim meddwl gadael ei gorff bach o yn Bethel. Roedd wedi bod yn gymaint o gysur i Ifor a minnau ar ôl colli Wyn. Gwnaeth yr hogia focs bychan a thorri bedd ddigon dyfn a mynd â fo i'r ardd yn y Waunfawr i'w gladdu a rhoi coeden i dyfu ar ei fedd. Rwy'n sicr y bydd rhai ohonoch yn wfftio at y fath beth. Ond na, mae cŵn yn ffyddlon i'w meistri ac yn gwybod pwy sy'n garedig wrthynt. Meddyliwch faint o ddeillion sydd yn ddyledus i'r cŵn am eu harwain ar eu taith ac mae cŵn wedi achub llawer o fywydau ar y mynyddoedd.

Ar ddechrau 1986, ffarweliodd Dylan Rhys a minnau ag ardal Bethel gan ail-ddechrau bywyd newydd yn y Waunfawr. Penderfynu galw ein cartref yn Eryri Wen, rhyw deimlo ein bod yng nghanol harddwch Eryri gyda'r mynyddoedd a'r creigiau yn ein hamgylchynu, a hen afon Gwyrfai yn ymdroelli drwy'r Nant a'r goedwig. Beth well fedrem ei ddymuno ynte?

Ymaelododd y ddau ohonom yn eglwys Croes y Waun ac roeddwn yn adnabod y rhan fwyaf o drigolion y Waun. Roedd rhai cyfeillion bore oes i mi yno a buan iawn y deuthum i wneud cyfeillion newydd. Rwyf i yn rhyw greadures, wyddoch chi, sydd yn hoffi cyfarfod â phobl, boed nhw'n ddu neu wyn, yn dlawd neu'n gyfoethog. Ar ôl dod i'r Waunfawr, roeddwn yn meddwl y buaswn yn cael tipyn o seibiant i orffwys ychydig ac ymlacio. Ond roedd rhywun wrth y drws byth a beunydd yn fy atgoffa bod Sefydliad y Merched, Merched y Wawr neu'r Gymdeithas lenyddol yn cyfarfod y noson honno.

Mae'r ardal wedi bod yn brysur yn codi arian at

Eisteddfod yr Urdd. Mae yma glwb bowlio dan do hefyd ac rwyf wedi dechrau mynd iddo er nad oeddwn yn cael llawer o hwyl ar y bowls. Roeddwn yn cael y bendro wrth geisio gwyro i lawr, — "Na, Nel bach," meddwn wrthyf fy hun, "rwyt ti wedi mynd yn rhy hen i chwarae bowls."

Ddaw henaint ddim ei hunan.

Roedd Dylan a minnau yn yr ardd rhyw ddiwrnod, ac mae gennym ardd go helaeth. Dyma fi'n digwydd sôn fy mod yn colli Tomos bach a dyma yntau'n cynnig ein bod yn cael un arall. Cawsom hanes gi bach yn y Groeslon oedd yr un fath yn union â Tomos.

Gan ei fod yn bedigri, rhaid oedd ei gofrestru gan lenwi ffurflen ac ati. Roeddem wedi penderfynu ei alw'n Tomos Wyn o Eryri. Daeth y ffurflen yn ei hôl gyda nodyn yn egluro nad oedden nhw'n derbyn yr enw Tomos fel enw cyntaf. Rhaid oedd rhoi enw arall o flaen Tomos. Dyma benderfynu anfon y ffurflen yn ôl gyda'r enw Tywysog Tomos Wyn o Eryri. Bu hynny'n dderbyniol ganddynt!

Y Tywysog Tomos Wyn o Eryri

Byddaf yn dal i ymweld â Lôn Glai, wrth gwrs. Mae bron yn adfail erbyn hyn, ond mae rhan ohono mor gadarn ag erioed. Byddaf innau, fel mam, yn troi ac yn syllu. Na, nid ydi'r hen gadair siglo yno mwyach. Na'r gwely waunsgod lle'm ganwyd saith deg a phedwar o flynyddoedd yn ôl. Ni chefais i gyfle i weld fy nhaid a nain, ond diolch bod Ifor a minnau wedi cael y fraint o gael ein galw yn "Taid a Nain". Erbyn hyn, rwyf yn nain i bedwar-ar-ddeg, ac yn hen nain i Aeron Michael. Mi fuasai Ifor wrth ei fodd petai'n cael bod yn eu canol. Mae yna rywbeth i'w ddweud dros gael teulu mawr — maent wrth law os bydd angen ac mae llawer o bleser o fod yn eu mysg.